50歳からの
逆転キャリア戦略

「定年=リタイア」ではない時代の一番いい働き方、辞め方

Takao Maekawa
前川　孝雄

PHP
Business Shinsho

PHPビジネス新書

年を重ねただけで人は老いない。
理想を失うとき初めて老いる。

サミュエル・ウルマン

はじめに

この本を手にしたあなたは、きっと平成の苦しい30年間、歯を食いしばって働いてきた真面目なサラリーマンだと思います。

辞令一枚での転勤や海外出張、長時間労働も厭《いと》わず、十分な後輩や部下も与えられない中、懸命に職責を全うし続けてきたことでしょう。

それでも会社の業績はなかなか回復せず、何度も訪れたリストラや早期退職勧奨の波をも乗り越えてきたのに、期待通りのポストは与えられず、給与は頭打ち。にもかかわらず、突然「働き方改革」などと言われ、残業を厭わず働こうとすると、「生産性が低いのでは？」と育児と仕事を両立する後輩から白い目で見られ、立て続けに導入されるITツールに四苦八苦していると最近入ってきた若手からはロートル扱い。年下の上司からも腫《は》れ物に触るような対応をされ、会社からもお荷物扱いされていると感じる場面が増える一方……。

気づけば50歳を超え、会社員人生も最終コーナー。もう少しの辛抱でゴールと思っていたところなのに、60歳のはずの定年が給与を大幅に下げられて65歳まで働け、と言われ始めた。

「このまま会社にしがみついていてもいいこともなさそうだし、もう辞めようかな」「今ならまだ退職金を少し上積みしてもらえそうだし」

こう思う気持ちは重々わかります。

そんなあなたに、私は強く言いたい――「まだ辞めるな」と。

少し私の話にお付き合いください。

私は現在53歳。平成元年にバブル入社組として社会人デビューし、30年以上働いてきました。だから同年代のあなたの気持ちは痛いほどわかります。

30年以上のキャリアのうち3分の2を大手企業の会社員として働いた後、3分の1は脱サラ起業し、企業の人材育成を手掛けるＦｅｅｌＷｏｒｋｓという会社を営んできました。だから、会社を辞めたらどうなるか身をもって知っています（退職・独立前後の苦労は第４章で詳しく述べます）。

かつ４００社以上で人を育て活かす支援をしてきた仕事柄、ミドル層と言われる40～50代層を会社や人事がどう見ているか、転職市場でどう評価されるかも知っています。だから、繰り返します――「まだ辞めるな」と。

ここで誤解のないように先にお伝えしておくと、私は「会社にしがみつけ」と言いたいわけではありません。**「辞めるな」ではなく「〝まだ〟辞めるな」**なのです。つまり、会社を辞める前に、あなたには**今の会社でやっておくべきことがまだまだある**、ということです。

では何をしておくべきなのか、本書ではそれを皆さんにお伝えしていきます。やはり「定年まで我慢」して働くのかと思うかもしれませんが、私の意図はまったく違います。

●「定年＝リタイア」ではない時代がやってきた

リンダ・グラットンとアンドリュー・スコットの『ＬＩＦＥ　ＳＨＩＦＴ』（東洋経済新報社）がヒットしたのが２０１７年。「人生１００年時代」という言葉も今やすっかり浸透しました。

おそらくあなたも会社から説明を受けたであろう定年後の継続雇用制度の導入のみならず、定年の65歳までの延長、定年の廃止に取り組む企業も増えてきています。

政府は70歳までの定年延長に向けた法改正を画策しており、そう遠くない将来、実現する可能性は十分あるでしょう。さらには、定年後の他企業への再就職援助や起業支援の努力義務を企業に課そうとしています。**「50代、60代になっても、職業人生はまだまだこれから」という時代をすでに私たちは迎えている**のです。

一方、今、50歳前後のバブル入社組のサラリーマンであるあなたは、入社当時はこのような将来像は描いていなかったはずです。

入社当時の会社の規定では55歳が定年だったという人も多いでしょう。「サザエさん」のお父さんである磯野波平さんは54歳の設定ですしね。なので、さすがに60歳まで働いて定年を迎えたら悠々自適のリタイア生活を送ることができるだろう、とイメージしていた人が多いのではないでしょうか。

しかし、日本の社会状況、経済状況は当時から大きく変化し、生涯一つの会社で働き続け、60歳で職業人生を終えるということが、多くの働く人たちにとって現実的ではなくなってきました。45歳以上の社員を対象とした早期退職制度を積極的に導入する大手企業が増え、あのトヨタ自動車のトップまでもが終身雇用を守っていくのは難しいと発言。「話が違う！」と感じている中高年層は、あなた以外にもきっとたくさんいると思います。

あなたに強くお伝えしたいのは、「定年＝リタイア」ではない時代に突入したということ。**これからは、定年という概念自体もなくなっていく**でしょう。欧米などの先進国では、そもそも定年は年齢差別と考えられており、日本のような定年制度はほぼありません。企業がグローバル化を進めていく中で、定年制度をそのまま維持することは困難でもあるのです。

●しがらみから解放され、やりたい仕事ができる未来をつかもう

とはいえ、今の状況は悲観するようなことでしょうか。

まずコツコツ働いてきたあなたには、後輩世代にはない蓄えがあり、年金支給もある程度は確保できています。この安心感は大きなアドバンテージですよね。

ただ、少しイメージしてみてください。人生100年時代なのです。60歳で職業人生を完全にリタイアしたとして、残りの40年を私たちはどのように過ごすのでしょう。仮に十分な蓄えがあったとしても、40年間をただ遊んで暮らす、あるいは何もすることがなくボーッと暮らす、そんな人生が本当に充実したものと言えるでしょうか。

もちろん、長年必死に働き続けてきた人にとって、仕事のプレッシャーや忙しさから解放された日々が魅力的に思えるのは無理もない話です。

しかし、それも手に入れる前までの話。実際、働くシニアの声を聞いてみると、「悠々自適の生活なんて楽しいのは最初だけ。仕事をしている今のほうが毎日充実している」といった声が返ってきます。お子さんも自立した中で、地域や趣味のつながりを持つ妻は出かけて家にいないことも多いでしょう。そんな自宅で一人、無為に過ごす将来をどう思いますか？

それまでの会社員生活と同じような働き方でなくとも、人や社会と交わりながら、自分だからこそできるやり方で誰かの役に立つことは、充実した人生を送るための大きな原動力になります。そのことに年齢は関係ありません。働いているからこそ、人はいくつになっても生き生きとしていられるのです。

ですから、60代、70代、さらにその先まで働き続けることを決して悲観的に捉えないでください。人生を折り返したところから、また新しい「働く人生」が始まる。しかも、**しがらみやお金に汲々とすることなく、本当に自分がやりたい仕事に打ち込んでいける。こんな素晴らしい未来があなたを待っている**のです。

●第二、第三の職業人生に向け、会社は「学びの宝庫」だ

ただし、「終身雇用」「60歳定年で職業人生も終わり」といった古い価値観に縛られたままでは、この新しい時代に新しいキャリアを切り拓いていくのが難しいことも事実です。**長年の会社員生活によって染みついた古い価値観、マインドをリセットし、人生100年時代に対応した新しい価値観、マインドを獲得する**こと。これが多くの中高年にとっての喫緊の課題だと言えるでしょう。

そもそも、人生100年の中で70代、80代まで働くことを想定すると、定年を含めて誰しもがいつかは会社を辞めて、転職・独立して働くことが視野に入ってきます。副業も前向きに捉えられるようになってきており、今後は複数の会社で並行して働くことも一般化するかもしれません。

にもかかわらず、なんとなく居場所がなくなってきたからと、古い価値観、マインドをリセットすることなく、かつ必要な準備をすることなく、勢いで会社を辞めることは非常

に危険だと私は考えています。**60歳の定年がキャリアのゴールではなく、新しいキャリアのスタートになるならば、日々の仕事の意味合いも大きく変わる**はずです。だから「まだ辞めるな」と言っているのです。

すでに準備に動き始めている人もいます。

私が営むFeelWorksでは、会社員として経験を積んできた方を対象に講師養成講座を開講しています。第二、第三の職業人生開拓を目指す40〜60代が集うセミナールームには、「自分の経験を棚卸しして、次の時代、次の社会に役立てたい。そして自身も働きがい溢れる人生を築いていきたい」という前向きな熱気が立ち込めています。

一方で、**「学び直しと言われても、何を学べばいいのかわからない」**という人もいるでしょう。そんな人は、まずは同じ会社の中高年男性ばかりのムラ社会から出て、自営業の人たちや転職してやりたい仕事に取り組んでいる人たちの話を聴きに行くことから始めてもいいと思います。社外でも通用する自分の経験値や強みに気づくこともあるでしょうし、自分の力がそのままでは社外で通用しないことを思い知らされることもあるでしょう。

肝心なのはここからです。気づくことができた**経験値や強みを、定年後、不動のものにするためにどう磨くか、弱みを補強しておくためには今からどんなことを経験すべきか。**そのように戦略的に学び直しを計画してみるのです。すると、意外かもしれませんが、社内にも学びの機会はたくさん見出すことができます。

会社員から脱サラし、一人で起業し、会社のありがたみを痛感した私だから断言できます。

会社は第二、第三の職業人生の失敗リスクを下げ、充実させるための「学びの宝庫である」と。

●今の会社で他部署の仕事を学んでおくと、先々の転職・独立にとても役立つ

会社は「学びの宝庫」と言われて、意外に思った人もいるかもしれません。その意味を

説明しましょう。

第二、第三の職業人生では、今までとは異なる働き方が求められるようになります。管理職として部下をマネジメントしていた人は、今の会社で継続雇用を選ぶと、部下の立場になりプレイヤーとしての筋力を求められます。**指示して人を動かす立場から、自分で動く立場に戻る**のです。

60歳の定年でいきなりプレイヤーへと意識と行動を変えることは容易ではありません。様々な企業現場を見ている私の実感では、不可能と言ってもいいかもしれません。嘱託社員となった先輩に、後輩たちは親切に仕事を教えてくれるでしょうか。現実的にはなかなか教えてくれないでしょう。

となると、50代のうちから徐々に自ら動くことを意識して働いたほうがよいでしょう。50代半ばで役職定年になると腐る人が多いのですが、将来を考えると、むしろ昔と異なる現場の仕組みを覚えながら積極的にプレイヤーとして働いたほうが得策なのです。

転職するならば、たいていは今の会社より小規模の会社で働くことになります。今までなら企画なら企画、営業なら営業と役割分担が細かく決められていたでしょうが、中小企業では一人ひとりの役割の範囲が広く、かつ曖昧《あいまい》な場合が多いものです。転職してから気づいて文句を言っても始まりません。「大手企業出身者は使えない」というレッテルを貼られるだけです。

だからこそ、**今の会社でほかの部署の仕事を積極的に学んでおくとよい**のです。部署間で仕事を押し付け合いセクショナリズムに陥る会社は多いものですが、自分の将来を考えると、そんな視野狭窄《きょうさく》に陥る同僚を横目に、積極的に他部署の仕事も手伝ったほうがよいかもしれません。**逆転の発想**ですね。また、**こうした働きぶりは今の会社でも評価され、諦めていた活躍の場が広がることもある**はずです。

ちなみに独立するなら、すべての業務範囲を自分でこなさなければいけません。要するに何でも自分でやらなければいけなくなるのです。かくいう私も13年前に会社を退職し、起業した当時は、自分なりには準備をしていたつもりでしたが、結果として、想定外の苦労の連続でした。

「会社に勤めているうちに、もっと他部署の仕事に首を突っ込んでいればよかったなぁ」と何度も思いました。契約について知りたければ法務部、営業が知りたければ営業部、宣伝が知りたければ宣伝部といった具合に社内には専門部署があるわけですから。**会社にいればちょっと動けば学べることも、独立すれば誰も教えてくれません。**相応の費用を払ってセミナーを受講したり、専門家や企業に依頼しなければならなくなるのです。

第二、第三の職業人生のかたちは様々です。もちろん、転職・独立という選択肢もあるでしょうし、社内で新たなキャリアを築いていく道も広がるはずです。どのようなかたちであれ、人生100年時代の後半戦を充実したものにするためには準備が大切なのです。

●自分の人生のハンドルを自分で握る「キャリア自律」をまず実現する

とはいえ、人生後半戦のための準備と言われても、転職して新しい職場に移ったり、独立・起業した直後は、準備をする余裕はなかなか持てないでしょう。その点、今の会社にいることの優位性を活かせばたくさんの知恵や知識が入手でき、仕事を通じて訓練もできるのです。

では、準備の本質は何かというと、それこそが、先に触れた、「気づき」と「学び直し」なのです。この気づきと学び直しによって、会社の中でこれまで通り働いていたのでは見えなかった新たな視界が広がってきますし、自分がやりたいこと、自分が社会に提供できる価値も新たに見えてきます。目標が鮮明になれば、「今、何をやるべきか」も鮮明になり、具体的な行動も起こせるようになります。

中高年層の皆さんに強く意識していただきたいのは、「辞める、辞めない」という判断以前に、この気づきと学び直しのプロセスが重要だということです。それを経ることによって、組織の価値観や自分以外の誰かの価値観に左右されない「キャリア自律」を実現することができます。**キャリア自律とは、平たく言うと、上司や会社の指示・命令に耐え続けてきた職業人生ではなく、自分のキャリアのハンドルを自ら握る人生を歩むこと**です。

自分のキャリアは自分で創り出すもの——。考えてみれば当たり前のことですが、終身雇用と年功序列を担保してもらう代わりに、会社命令には逆らえず縛られてきた日本のサラリーマンにはそれが難しいことになってしまっていました。それでも「定年＝リタイア」で余生は悠々自適だったこれまでは何の問題もありませんでした。しかし、今やこの仕組みはいびつになっています。時代が変わったのです。

組織に依存するのではなく、自分自身で自分のキャリアをコントロールできるようになれば、きっと働くことは今よりもずっと楽しくなるはずです。その先には充実した第二、第三の職業人生が待っていることでしょう。

では、そのために必要な考え方と具体的な準備について、見てきた事例や私自身の失敗談も交えながら、皆さんに解説していきましょう。

㈱ＦｅｅｌＷｏｒｋｓ代表取締役　前川　孝雄

※本書の中で紹介する事例は、プライバシーに配慮し、設定に一部変更を加えています。

50歳からの逆転キャリア戦略　目次

第2章 「お金、肩書き」から「働きがい」へ
——人生後半戦のキャリアの考え方

第3章 会社は「学び直しの機会」に溢れている！
——辞める前にできることはまだまだある

第4章　50歳からの働き方を変える「7つの質問」

——筆者・前川孝雄の七転八倒体験から人生後半戦の働き方を考える

編集協力――伊藤敬太郎
図版作成――桜井勝志

第1章

まだ辞めてはいけない人たち

——もしいま早期退職したらどうなる？

●準備不足の状態で、衝動的に辞めてはいけない

出世争いにも敗《やぶ》れ、職場に居場所もなくなってきた。終身雇用ももはや保証されない。だったら、今の会社にしがみつくのはやめて、新たな一歩を踏み出そう——。

この本を手にしたミドルの中には、そのように考えて、すぐにも転職や起業などのアクションを起こそうとしている人もいるのではないでしょうか。

確かに、ミドルの転職・起業に対する環境面、心理面でのハードルは年々下がっています。総務省の「労働力調査」を見ると、2000年には59万人だった35〜44歳の転職者数は2018年には65万人に、同じく2000年には41万人だった45〜54歳の転職者数は2018年には55万人にまで増加しています。決して楽観できる状況とまでは言えず、50歳を超えると厳しくはなるものの、ミドルの転職市場は中長期的に見て拡大傾向にはあるのです。

また、日本政策金融公庫が実施している「起業と起業意識に関する調査」を見ると、調

査対象となった起業家の起業時の年齢は、44・1％が40歳以上。ビジネス経験豊富なミドル・シニアの起業を後押しする社会的気運も高まっており、支援も充実してきています。後継者不足に悩む中小企業を買って経営者を目指すミドルも出てきています。

中高年が長年働いてきたサラリーマンとしての安定を捨てて起業にチャレンジすることも、決して突拍子もない話ではなくなってきました。私も起業家のはしくれとして、もっと多くの同世代の皆さんに起業家マインドを持ってほしいと思います。

しかし、だからといって、今すぐに転職・起業することがあなたのキャリア、人生にとって得策でしょうか。私は、ミドルが「今の会社・上司に不満があるから」「社内の人間関係に疲れたから」「社内に居場所がなくなったから」といった理由で衝動的に会社を辞めることには大きなリスクがあると考えます。思い切って転職・起業したものの、うまくいかず、その後のキャリアでも迷走し続けることになる人が実際に多いからです。

もちろん、「はじめに」でもお伝えしたように、私は、ミドルが会社を辞めること自体を否定するつもりはまったくありません。充実した第二、第三の職業人生を獲得するために、転職・起業という選択肢も当然あっていいでしょう。**問題は準備不足の状態で辞めることに**あります。今いる企業を飛び出し、新たな環境で自分自身の力でキャリアを切り拓いていくためにはそのためのマインド、リテラシーが必要です。

特に大企業に身を置いていると、自身がいかに恵まれた環境の中におり、現時点の市場価値以上の待遇を得ているか実感しづらいものです。そのため、あえて意識しない限り、今の環境だからこそ身につけられるリテラシーに気づかないことがあります。

しかし、自らキャリアを切り拓くマインドに目覚めさえすれば、今の環境を活用して習得することが可能なものがたくさんあります。それをしないうちに辞めてしまうのはもったいない。決して賢い選択とは言えません。

以下に挙げる7つのタイプに該当する人は、「まだ辞めてはいけない人」です。

もし、自分がこれらの項目のうち、いくつかに該当すると感じたら、今すぐの退職は踏みとどまったほうがいいでしょう。まだそのときではありません。**今の会社でやっておくべきことが、まだいくらでもある**はずです。

【1】やりたいことがない人
――転職の条件が年収しか言えない人は危険

●「自分は何をやりたいか」を考える必要がなかったバブル入社世代

「あなたのやりたいことは何ですか？」

この質問にすんなりと答えられるミドルは、それほど多くないのではないでしょうか。

今の若者であれば、就職活動前に自己分析もしますし、面接対策としてある程度の答えは用意しているものです。

かたやバブル入社世代は、就職活動時ですら、自分のやりたいことを深く掘り下げて考えることは一般的ではありませんでした。圧倒的な売り手市場で、今のような就活のシステムも整備されてはいませんでしたから、あまり深く考えることなく人気企業を上から順に受けて、いくつも内定を得ている学生がたくさんいました。当時の就職環境では、それでも就職できてしまったのです。

なおかつ、異動、転勤、昇進など、入社後のキャリアに関しては、すべて会社が道を示してくれました。同期はみな同じように出世を目指し、それぞれが組織の競争原理の中で自分を磨いていけば良かった。何をやればいいかは会社が決めてくれる。だから、経験を重ね、その会社ならではの組織人としての考え方や業務上のスキルは身についていっても、改めて「自分が何をやりたいのか」を見つめ直す機会などほとんどありませんでした。その必要がなかったと言っても過言ではありません。

その結果、**学生に「あなたのやりたいことは何ですか？」と質問している中高年の人事担当者自身が、会社に与えられた言葉でしか自分のやりたいことを語れない**、という笑えない状況にもなっています。

●「キャリアビジョンなき退職」は流浪の始まり

しかし、会社に依存しない第二の職業人生を自分で創り出そうというときに、やりたいことがないのでは話になりません。自分自身で自分のキャリアを決め、自分自身の内から湧き出るモチベーションに従って働くことが、第二、第三の職業人生の醍醐味なのに、初めからそれを放棄してしまっているようなものです。

ですから、やりたいことがないという人は、まだ会社を辞めてはいけません。

ちなみに誤解のないように言っておくと、「会社に依存しないこと」は「会社を辞めて転職・独立すること」と同じではありません。自身のやりたいことが明確にできたとしても、その実現のためには転職や独立をするより、今の会社の役割に打ち込んだほうがよい場合も十分考えられます。要はマインドの問題なのです。

もちろん、やりたいことがなくても形の上で転職・起業などの行動を起こすことはできます。今は転職エージェントも転職マニュアル本も充実していますから、なんとなく動き出したような人でもひとまずは誰かが導いてくれます。

しかし、そのような人は、周囲の動向や自分以外の誰かの価値観に終始振り回されることになります。

「先輩が○○で起業してうまくいっているそうだから、自分も真似してみよう。あの人にできるんだから自分にもできるだろう」「これからはIT業界が伸びるようだから、たいして興味はないが自分もIT業界への転職を狙ってみよう」といった考え方で行動している人には、転職・起業後、壁にぶつかったときに立ち返るべき軸がありません。

新たなチャレンジに一定の挫折はつきものですが、**軸がない人はちょっとした挫折で、「こんなはずじゃなかった」とめげてしまう。**そして、あれでもない、これでもないとキャリアの流浪を始めてしまいます。

●早期退職勧奨を受けたAさんの本当の悲劇とは？

こんなエピソードがあります。

私は仕事柄、転職相談などをされることもよくあります。ある日、とある大手メーカーのミドル社員が私のもとを訪ねてきました。仮にAさんとしておきましょう。そのメーカーは経営不振から、度重なる早期退職勧奨を行っており、繰り返し対象となっていたAさんは、いよいよ潮時かと転職を考えている時期でした。

転職の相談ですから、私はAさんにまさにこの質問を投げかけました。

「Aさんがやりたいことは何なのですか？」

すると、Aさんから返ってきた答えはこのようなものでした。

「やりたいことって何ですか」

続けてAさんはこう言いました。「仕事というのは会社から与えられるものですよね。やりたいとかやりたくないではなく、やるべき義務ですよね。自分が何をやりたいかなんてことが関係あるんですか」と。

典型的な大企業のサラリーマン的仕事観です。自分がやりたいことについて、このような質問をされたことも、考えたことも本当にないのです。正確に言うと、就職活動時にほんやり考えたことはあるのでしょうが、入社後は考える余裕もなく、会社の指示に従って働いてきたため、思考が固まってしまったと言えるかもしれません。

部下もいる年齢の中高年社員が、自分のやりたいことについて何一つ語ることができない。それでもやってこれたのが今までの日本企業でした。終身雇用・年功序列を前提に、深く考えずに言われたことをやっていれば、つつがなく職業人生を全うすることがかつては可能だったのです。しかし、それでなんとかなっていた時代はもう終わったのです。

●「従順なだけ」の人材は会社も必要としなくなっている

今や、企業は社内で活躍することを期待している社員に対しても、キャリア自律を求めるようになっています。

同質性が高く従順な人材で構成された日本的組織は、経済が右肩上がりで成長し、みんなが同じクオリティの仕事に従事し続けることで成功が得られていた時代には効率的に機能していました。

しかし、その働き方では、今のように変化が速く、業界の垣根を越えた競争も激化し、常に新しい発想が求められる環境への対応力がありません。強みが弱みに変わってしまったのです。こうして、それぞれに自律した人材で構成される組織へと進化することを企業も志向するようになってきており、Aさんのようなタイプは企業も求めなくなっているのです。

私はAさんの実務能力までは正確に把握していたわけではありませんが、彼がなぜ早期退職勧奨の対象になってしまったのか、その理由の一端をこのちょっとしたやりとりから理解しました。

キャリア自律を求めるのは転職を志望する企業にしても同様です。面接で自分のやりたいことすら満足に語れない人を積極的に採りたいという企業は、人材不足の中小企業であってもそう多くはないでしょう。私は、Aさんが今辞めるのは危険だと感じました。

それでも、「では、何かほかに条件はあるのですか?」と質問を重ねると、Aさんが口にしたのはたった一つ、給料についてだけでした。

考えてもみてください。あなたが転職者の採用を検討している企業の経営者や人事だとして、転職後やりたい仕事をまったく語らないのに、給料だけはいくらほしいと主張する中高年の応募者を採用するでしょうか。

家族もいるミドルであれば、収入について気にするのは当然のことでしょう。しかし、今後の自分の職業人生を考えるとき、本来、第一に考えるべきなのは「何をするか」であるはずです。給料はあくまでその仕事に対する対価です。このごく当たり前の前提がAさんの思考からは完全に抜け落ちていたのです。

このAさんのような事例は、決して珍しくはありません。入社時と今とで組織内の価値観や世間の常識が大きく変わってしまったバブル入社世代にとっては、極端ではあるかもしれませんが、Aさんは一つの典型例です。このエピソードを読んで身につまされる思いを抱いた人も多いのではないでしょうか。

しかし、**今やりたいことがないからといって、第二の職業人生を諦めることはありません。やりたいことがないのは、単にそれについて考えたことがなかったから**に過ぎません。どれだけ探してもやりたいことが何一つ見つからない人などいません。であれば、今から考えればいいのです。

まずは、自分のキャリア、自分の人生について、自分自身の頭で考えてみましょう。深い自問自答を積み重ねれば、きっと答えは見えてきます。すぐに見えなくても、やりたいことに打ち込む社外の多様な人たちに会いに行くことで、自分を見つめ直すことから始めてもいいのです。

その結果として、今の自分に足りないもの、今から会社でできることも理解できるはずです。そこに至って初めて転職・起業などの行動に必要な準備に取り組むことができるようになります。その準備が整うまでは、辞める時期ではありません。

【2】変化に対応できない人

——自分の専門以外に関心を持とうとしない人は危険

●専門領域への固執がマインドを硬直させる

大企業のミドルの中には、長年にわたって一つの業務にのみ携わってきたという人も少なくありません。同じ業務をずっと行ってきたわけですから、当然、その業務に必要なノウハウやスキルには習熟していますし、若い社員には負けないという自信もあるはずです。その業務が必要とされている限り、会社からも重宝されます。

しかし、このタイプの人たちには自分の専門領域に固執するあまり、視野狭窄に陥ってしまうリスクがあります。自分の仕事をそつなくこなすことばかりを考え、周囲の同僚の仕事、社内の他部門の仕事、また世の中で起こっている大きな変化などをほとんど意識しないという人が少なくないからです。もちろん新聞やニュース番組で、時事問題やビジネストレンドはそれなりに知ってはいますが、それが自分ごととして仕事とつながっていないのです。

こうして周囲の影響を受けず、**同じ仕事の繰り返しにばかり執着しているうちに、変化に対応する力が徐々に失われてしまう。また次第に変化に対して恐怖心を抱くようにもなる――。これが致命的**なのです。このようなタイプの人も典型的な「まだ辞めてはいけない人」です。

会社が拡大再生産を続けていた時代には、このような人たちが大企業の分業システムを効率的に機能させてきました。しかし、今や時代の転換期です。部門ごとなくなる仕事もありますし、仕事の内容が劇的に変化することもいくらでもあります。長年携わってきた業務がこのような変化にさらされたとき、変化に対応できない人は、会社内で居場所を失ってしまいます。

しかし、そこで腐って辞めてしまってはいけないのです。

なぜなら、その人が特定の業務だけに従事してこられたのは、在籍している会社にそれだけをやっていればいい分業体制があったからこそ。特に大手企業のミドル世代サラリーマンが転職をすることになれば、往々にして今より規模の小さな企業に転職することになります。

そして多くの場合は、それまで担当していた業務以外の仕事にも携わることになります。業務範囲が一気に広がるのが一般的なのです。あるいは、まったく経験のない仕事を任されることもあるでしょう。変化への対応力が衰えている人は、そこで大きく戸惑うことになります。

独立・起業となればなおさらです。技術一筋、企画一筋でやってきた人であっても、今まですべて会社がやってくれていた、経理や営業といった未経験の仕事にも自分が関わっていかなければなりません。

●ベテラン社員の他部門への異動を義務化する企業も

企業もミドルの硬直・停滞には問題意識を持っています。

私がかつて取材したある企業では、ベテラン社員や管理職に関しても、営業から経理といった部門の垣根を越えた定期的な異動を義務づけていました。勝手がわかった領域の仕事に安住することが一人ひとりの変化への対応力を奪い、それが積み重なれば組織としての成長力が損なわれていくと考えたからです。

若手・中堅に経験を積ませるため、積極的なジョブローテーションに取り組む企業は多いですが、得てしてベテラン社員は聖域になりがちです。しかし、実は変化への対応力が衰えていくベテランを再生するためにこそ、このような施策は有効なのです。

この企業では、今では、ベテランの異動も社内では常識として定着していますが、制度導入当初は、異動の対象となった社員から強い反発があったそうです。

「今さら新しい仕事なんてとんでもない。営業で長年実績をあげてきた自分がなんで異動

なんだ。ほかの社員に自分の代わりなんて務まるはずがない」といった具合にです。

その強い反発の裏には、長年にわたって実績をあげてきたことへの自負も当然あるでしょうが、一方で、**ベテランになって新しい仕事に取り組むこと、わからないことを新たに学ぶことへの恐怖**もあったと思います。その気持ちがわかるという中高年層も多いのではないでしょうか。

●一つの専門能力だけで一生食べていける時代ではない

2015年、野村総合研究所が、英オックスフォード大学のマイケル・A・オズボーン准教授、カール・ベネディクト・フレイ博士との共同研究によって、10～20年後に日本の労働人口の約49%がAI（人工知能）やロボットによって代替可能となるという未来予測を発表し、話題になりました。

現実にAIは急速な勢いで進化しており、私たちの仕事に関わる変化のスピードも今後、加速度的に上がっていくことになるでしょう。

代替可能な業務には会計監査といった専門性の高い仕事も含まれていました。いずれ、高度な専門能力を身につけても、それだけで一生食べていける時代でもなくなっていきます。専門職以外も同じようなものです。ＡＩにできることはＡＩに任せ、人間は人間にしかできない創造的な役割を担っていくことになります。営業、経理、人事といった部門でも、仕事のやり方や求められる能力が大きく変わっていくのです。

今、50歳の人が、60代、70代になる頃には、現段階では想像もつかないような劇的な変化があらゆる職場で起きている可能性があります。変化への対応力を磨くことなくして、今の会社でのキャリアを継続していくことはできませんし、当然ながら、転職や独立に挑戦し、第二、第三の職業人生を開拓することもできません。

変化の時代には、新たな状況・環境に直面するたびに、素直な心で貪欲に周囲から学ぶ姿勢が不可欠です。そして、変化そのものを楽しむマインドが求められます。それらは今の会社にいながらでも十分養うことができるのです。

この変化対応の重要性に年齢は関係ありません。むしろ長く働き続けたいなら、中高年になってからこそが必須となってくるのです。

【3】根拠なく楽観する人

——リサーチ不足の「なんとかなるさ」は危険

●思いのほか世の中の実情を知らない大企業のミドル

大企業のミドルからの相談に乗っていると、「自分の市場価値も、世の中の実態も驚くほどわかっていないな」と感じることがしばしばあります。30年近く社会人としてのキャリアを重ねてきたベテランがなぜそのようなことになってしまうのかとも思いますが、**大企業の恵まれた環境、その恵まれた環境に依存する内向きな思考が、自分や世の中を客観的に見る力を鈍らせてしまう**ようです。

一方、大企業でそれなりのポジションを得て、高い収入を得てきたことは、中高年サラリーマンにとって大きな自信となっています。自分にはそれだけの社会的価値があるというプライドが彼らを支えているのです。

その結果、生まれるのが根拠なき楽観主義です。

「大手で課長を務めていた自分なら中小企業の仕事など簡単に務まるはずだ」「転職先の年収？　ぜいたくは言わないけど700万円くらいはほしい」……ｅｔｃ．

新聞やインターネットなどで二次情報、三次情報を収集するだけでなく、会社を辞めて転職した元同僚などにじっくり話を聴くなどして一次情報に触れれば、自分の考えが見当外れであることはすぐにわかるはずなのですが、それすらしていない。このようなリサーチ不足の状態で「なんとかなるだろう」と転職・起業といったアクションを起こすのは危険です。まだ辞めてはいけません。

●大企業から中小企業への転職は、年収大幅ダウンを覚悟する

典型的なのが、転職後の給料に対する認識です。例えば、大手に勤務する年収800万円の中高年サラリーマンの相談を受けたときのことですが、希望年収を尋ねると「今と同じくらいが希望ですが、100万円ダウンの700万円くらいなら」という答えが返ってきました。しかし、彼の実績・スキルでは、常識的に考えて700万円なんていう金額は到底望めません。

800万円というその時点での年収は、「初任給は育成してもらえる代わりに低く抑えられるものの、後払いで給与が上がっていく年功序列システム」があるからこそ得られているものです。決して現時点のその人自身の能力・スキルに応じた対価ではありません。大企業という恵まれた環境を飛び出すなら、改めて自分の市場価値を見つめ直し、それに見合った年収額を検討しないといけないはずです。この視点がすっぽりと抜け落ちているんですね。

今、日本企業で働く人の約４割は年収３００万円以下です。大企業から中小企業への転職を考えるなら、50歳前後という年齢であっても、よほどのハイパフォーマーでなければ、年収３００万円台というラインを想定しておく必要があるのです。

では、対価として年収７００万円を要求するには、会社に対してどれだけの貢献をしなければいけないのでしょうか。

企業が人を一人雇うには、社会保険料等も含めて給与の約１・５倍の直接コストがかかります。つまり、年収７００万円で人を雇うためのコストは１０５０万円。

そして、原価や外注費などを除いた粗利益のうち、製造業であれば50％くらいが人件費に回されます。したがって、１０５０万円の人件費が必要ということは、その倍の２１００万円の粗利益分を稼ぎ出さないといけません。

さらに、製造業の粗利益率は20～70％程度ですから、その２１００万円のさらに２倍弱～５倍の売上に貢献する必要があります（これらの会計用語や計算がわからない人は、財務諸表の読み方から勉強してください）。

つまり、**700万円の年収を要求するということは、「自分を採用することで会社の売上を年間3000万円〜1億円増やすことができる」と言っているのに等しい**のです。

とはいえ、大企業ミドル層を採用する中小企業から幹部としての活躍を期待され、年収700万円を提示される場合もあるでしょう。転職者年収の30〜40%を手数料とする人材紹介会社としても高い年収で転職してくれるほど稼げるので、高い年収確保に動いてくれるはずです。

しかし、ここに落とし穴があります。年収700万円はあくまで転職初年度の話だということです。相応の成果を出せなければ、財政的に余裕のない中小企業では経営層からかなりのプレッシャーをかけられ、2年目以降はどんどん給与を下げられるという例は珍しくないのです。

ここまでのことを理解すれば、胸を張って「年収700万円ほしい」と言える人はだいぶ少なくなるはずです。

●現実的なラインで生活レベルを見直す視点も必要

このような話をするとたんに悲観する人が多いのですが、そもそも年収700万円という数字にもたいした根拠などありません。本当にそのような金額が必要なのかどうかも、よく調べて、検討する必要があります。

先ほど触れたように、日本企業で働く人の4割は年収300万円以下なのです。大企業で働いていた人は「それでは生活できない」と言いますが、実際、それで生活している人はいくらでもいます。自分や家族の生活レベルを見直すという視点もあっていいはずです。

また、夫のみが働く専業主婦世帯は減少し続けており、今や共働きが一般的ですから、多くは夫婦が力を合わせて家計をやりくりしているのです。夫が年収400万円、妻が年収300万円稼げれば、世帯年収は700万円になるというわけです。

自分の市場価値と転職後の生活レベルを客観的に見直すことで、より現実的な希望年収を弾き出すことができます。**希望年収を根拠なく高めに設定することをやめて、最低ラインを下げることで、転職先の選択肢は増え、何より転職後のプレッシャーを軽減できる**のですから、決して悪いことばかりではありません。仕事内容重視で、本当にやりたいことができる企業を選べる可能性も高くなるはずです。ミドル世代の収入の現実や、やりくりの考え方については、第2章でもう少し詳しく解説します。

また、仕事の内容面に関しても十分なリサーチが必要です。分業化された大企業の仕事に慣れている人が中小企業に転職すると、業務範囲が一気に広がることにきっと戸惑うことになります。

例えば、**転職前は経理の、それも一部の業務だけを担当していた人が、中小企業に転職して経理も人事も総務も任されるといったことはざらにあります。**そういう実態を事前に理解できていれば、今の会社の他部門の業務に対する関心の持ち方も変わってくるでしょう。リスクを冒して行動を起こす前に調べられることはいくらでもあるのです。

【4】自分を客観視できない人

――「上司が評価してくれないから辞める」は危険

●「上司への不満」が理由で辞める人たちに共通すること

会社員が会社を辞める理由として、「上司が自分を正当に評価してくれない」というのは代表的なものと言えるでしょう。確かに、上司との関係は、日々の仕事や社内での立場、心理的安定など、会社員生活全般に大きく影響するもの。私自身、約20年にわたって会社員として働いてきましたから、性格や考え方が合わない上司の下で働くことに強いストレスを覚える気持ちはよく理解できます。

公平性を欠く上司の下で、「うちの上司は個人的感情で部下をえこひいきしている。同僚と比べて自分に対する評価が低すぎる」「プロセスを評価するなどと口では言いながら、結局見ているのは結果だけ」といった不満を抱いている人もきっと多いはずです。

そのストレスや不満は理解できるのです。しかし、それでもなお、社会経験を積み重ねてきたはずのミドルがそれだけの理由で会社を辞めてしまうことについては、私は大いに疑問を感じます。

私の知り合いの転職エージェント企業経営者も、先日こう話していました。

「40歳、50歳にもなって、自分は不遇だと言うサラリーマンが大企業には多すぎる。彼らがあまりにも世間知らずで、自分が恵まれていることを知らないことに唖然とする。たかだか上司と合わないくらいで、今の高待遇を捨てれば、転職先でもっと不遇を味わうことは目に見えている。そうした人たちも転職させたほうがうちとしては儲かるのだけど、不《ふ》憫《びん》に思えて『辞めないほうがいいですよ』と言って帰ってもらっているんです」

もちろん、あまりにも理不尽なパワハラ上司から過剰なストレスを受け続けている場合などもありますし、一概に言うことはできません。

しかし、不満を抱いている部下の数だけ、そのような極端なパワハラ上司が実在するのかというと、決してそんなこともないはずです。実際、このようなケースで当事者によくよく話を聴いてみると、不満を抱いている部下側の意見もわかるものの、一方で上司側の言うことにも一理あることがほとんど。そう、**上司への不満ばかりを語り、それが原因で感情的な行動に走ってしまう人には、共通して「自分を客観視できていない」という特徴がある**のです。このようなタイプの人は、むしろまだ会社を辞めてはいけません。

●自己評価より上司による評価のほうが妥当性は高い

「上司が自分を正当に評価してくれない」ということは、自己評価と上司による評価との間にギャップがあるということです。上司にひたすら不満を抱く人は、自己評価が正しく、上司による評価が間違っていると思っているわけです。

しかし、一般論として、人は自己評価に関しては実際よりも高く見積もってしまうものですから、どちらかと言えば上司による評価のほうが実像に近く客観的ということは往々にしてあります。特に大企業であれば、評価システムは体系的で複雑なものになっていますし、上司に対する360度評価などを導入している企業も増えていますから、実際には一人の上司の個人的感情だけで評価が決まるものではありません。上司の評価の信頼度は、少なくとも評価されている側の自己評価より高いと見るべきでしょう。

自分と上司のどちらが正しいかという二元論的な考え方に囚われず、これら自他の評価をひっくるめて、俯瞰《ふかん》して見ること。口惜しい気持ちはわかるものの、「自分はこう考えるが、角度を変えれば他人はそう考えるのか」と**他者からの評価を踏まえて自分を客観的に捉えることが、人がキャリアを重ねてもなお成長し続ける上で非常に重要**なのです。すべてを自分の成長へのフィードバックと捉えるのです。

例えば、部下側が「自分はチームのモチベーションアップのために努力も工夫もしている。しかし、上司はその点を評価してくれない」という不満を抱いていたとしましょう。

一方で上司は、「そのマネジメントの成果が業績に結びついていない」と見ていたとします。

人間ですから、「すぐに結果なんて出るわけがないじゃないか」といった反発心は当然生まれるでしょうが、上司の評価を受けて、「確かに現時点で結果は出ていない。自分のやり方に問題がないのかどうか検証してみる必要はあるかもしれない」という自己分析をすることも可能です。

当然、その人の成長につながるのは後者です。売り言葉に買い言葉で感情的になることにはなんの生産性もありません。たとえ腹の立つ意見であろうと、「なるほど、自分では頑張っているつもりでいたが他人はそう見るのか。であれば自分に足りないことがあるのかもしれない」と考えたほうがはるかに生産的ですし、本人にとっても得なのです。

ちなみに、もし独立した後ならば、「お客様が評価してくれない」とこぼしても、はじまりません。仕事を獲得できなければ、評価はおろか生活費を稼ぐこともままならないのです。

●人間関係構築力はミドルだからこその強み

上司の評価がすべてになってしまうのは、結局は日本型組織の中でタテの関係に囚われているサラリーマン的思考の現れです。自律的な考え方や行動ができていないから、すべてが上司のせいになってしまう。この考え方はピラミッド型組織の内部でこそ有効なのであって、社外に出たときには通用しません。

実際、どんな優秀な人であれ、性格的に合わない上司、嫌いな上司はいます。しかし、**自分を客観視できる自律的なミドルは、嫌いな上司との間にこそ、丁寧にコミュニケーションを重ね、しっかりと人間関係を構築している**ものです。

考えてみてください。嫌いな上司のせいで自分のキャリアが振り回されることほどバカバカしいことはありません。相手にコントロールされたくないなら、自分が主体となって相手との関係をコントロールすればいいのです。経験の浅い若手には難しくても、経験のあるミドルにはそれができるはずです。人間観察力や人間関係構築力に一日《いちじつ》の長があるミドルだからこその強みが、ここでこそ発揮できるというわけです。

人間的に成熟していてしかるべきミドルが、上司の評価に拘泥《こうでい》し、すぐに感情的行動に走るのは決して褒められたことではありません。そんな自分をリセットするためには、**不満だらけの今の職場が格好の修行の場ともなり得ます。**

だから、まだ辞めてはいけないのです。

【5】経営の視点や知識に欠ける人

——会社経営を甘く考えている人の独立・転職は危険

●自社のビジネスの全体像を把握できていないミドルが多い

大企業では、スケールの大きいビジネスに関わることができる一方で、分業が進んでいるため、ジョブローテーションで幅広い部門の仕事を経験している人を除けば、長くキャリアを重ねても大きなビジネスのごく一部しか経験できないという問題が起こり得ます。

例えば、技術畑でのみキャリアを重ねてきた人は、管理職になっても営業・マーケティング部門の事情がよくわからない、営業一筋でやってきた人は、自社の人事が採用に関してどんな課題を抱えているか、どんな目的でどんな人事制度改革を行っているかをよく理解していない、といったことが珍しくはありません。その結果、長年大きなビジネスに関わってきたにもかかわらず、その全体像は把握できていないミドルが非常に多いのです。

大組織の分業制の中で働いている限りは、それでも全体は支障なく動いていきますから、一見問題はなさそうに見えます。しかし、そのミドルが起業をしたとしたらどうでしょう。いくら業界知識に精通している人でも、それだけで会社経営はできません。資金調達はどうするのか、会計や税務対策はどうするのか、仕入れや在庫管理はどうするのか、人の採用や管理はどうするのか、これらがわからなければ会社は傾いてしまいます。

つまり、経営に関する視点や知識が不足している人が、そのまま起業することにはリスクがあるのです。このような人たちも「まだ辞めてはいけない人」に該当します。

●「フランチャイズだから大丈夫だろう」という発想は危険

そうしたリスクがあるのはフランチャイズ経営も同じです。

フランチャイズビジネスには、自分で一から店舗などを開業するよりは資金を抑えられる、一定の経営資源やノウハウを本部から提供してもらえるといったメリットがあり、一見、経営の素人《しろうと》でも手を出しやすく感じてしまいます。そのため、退職金などで手元に資金があるからと安易に始めてしまう人も少なくありません。

しかし、フランチャイズといえども経営です。財務・会計、マーケティング、人の管理などに関する基礎的な知識が欠けているまま始めた場合、それだけ失敗のリスクが高くなることは間違いありません。【3】の「根拠なく楽観する人」にも通じますが、「大企業でスケールの大きなビジネスに携わってきた自分なら大丈夫だろう」という思い込みが自分の首を絞めることになります。

中小企業への転職に関しても同様です。

例えば、大企業の技術畑でのみキャリアを重ねてきた人が中小企業へ転職した場合、大企業と同じような感覚で経営者に対して研究開発に関する提案をしても、「うちにそんな資金があるわけないだろう」と一蹴《いっしゅう》されるのがオチです。

また、技術部門の幹部として採用された場合、経営幹部の一人として経営に関する議論にも参加しなければならない場合もあるでしょう。そんなとき、「経営に関しては素人なので」と言っているようでは、中小企業では戦力外扱いされてしまいかねません。

中小企業は、大企業に比べればビジネス全体のスケールは小さいですが、その分、各部門の幹部や管理職には、より経営全体を意識することが求められます。大企業で長年にわたって身につけてきた業界知識や専門的スキルだけでは通用しないことが少なくないのです。そこは覚悟しておかなければなりません。

でも心配しないでください。**大企業でキャリアを重ねてきたにもかかわらず、経営に関する知識が身についていない理由はただ一つ、関心を持ってこなかったから**です。視点を切り替え、自分から情報収集に動けば、普段読み流してしまっている経営会議の資料など、**大企業は経営に関して学ぶには格好の場**です。十分な勉強をしないうちに辞めるのはあまりにもったいないと言えるでしょう。

【6】自分のことしか考えていない人

——周囲に貢献する意識に欠けているミドルは危険

●知らず知らずのうちに利益至上主義に陥っていないか

ミドル以降の第二、第三の職業人生で、どのような働き方を選ぶかはその人の自由ですし、いろいろな道があり得るでしょう。ただし、一つだけ言えるのは、社会、あるいは自分の周囲への貢献意識が非常に大切になるということです。

決してきれいごとを言っているわけではなく、人生の成熟期におけるキャリアでは、何よりも「やりがい」が求められますし、それまで以上に人との「つながり」も重要になるからです。

「自分さえ稼げればいい」「自分だけが得をすればいい」という考え方では、働くモチベーションを維持し続けるのが難しいですし、人もついてきません。未熟な若手であれば、自分だけのために働いていてもどこかで周囲が忠告してくれることはあるでしょうが、**個人プレーに走る中高年からは徐々に人が離れていくだけ**です。

ですから、今の会社で自分のことだけを考えて働いているミドルは、まだ辞めてはいけません。会社にいる間に、働く目的や考え方を根本的にリセットする必要があります。

自分が個人プレーに走っていなかったか、自分の損得だけに固執していなかったか、セクショナリズムに陥っていなかったか、改めて振り返ってみてください。厳しい出世競争の中で社内での居場所を確保するために、自分のことばかりになって、広く社会に目配りしたり、自分の周囲をケアする余裕を失っていた人もきっといるはずです。

長年一つの会社で働いていると、自社のビジネスの本質的な目的を見失い、次第に利益のことばかり考えるようになってしまうこともよくあります。昨今頻発する企業の不祥事や隠蔽《いんぺい》の問題は、一人ひとりはもともと善良な社会人であるにもかかわらず、組織になると自社利益追求しか見えなくなってしまっているからではないでしょうか。

もちろん、民間企業は利益を上げ続けなければいけません。利益を重視するのは当然のことです。しかしその前に必ず、自社のビジネスを通して社会に貢献するという目的があるはずです。利益を重視するのは、会社が潰れてしまっては社会に貢献し続けられないからです。これを見失ってしまうと、本来社会貢献の結果としてついてくるもののはずの売上や利益が最優先事項になってしまう。自分の売上・利益、あるいは自部門の売上・利益に囚われすぎた人の働き方は、手段を選ばない自分本位のものとなりがちです。

北海道開拓に挑む若者を指導したウィリアム・S・クラーク博士の名言「青年よ大志を抱け！」はご存知だと思います。実は、このメッセージには続きがあります。

「金のためまたは利己的栄達の為にでもなく、ましてや人よんで名誉と称する空しきもののためにでもない。知識に対して、正義に対して、かつ国民の向上のために大志を抱け。人としてまさにかくあらねばならぬ全ての事を達成せんとするために大志を抱け」

（北海道大学ホームページFAQより）

内村鑑三や新渡戸稲造など希代のリーダーを育てたと言われる博士の至言には、現代の我々こそ耳を傾けなければいけません。

●上から指示・命令するマネジメントはもう通用しない

バブル入社世代のミドルは管理職として部下を持っているケースも多いでしょう。この部下のマネジメントにどう取り組んできたかということも、周囲への貢献意識を測る上で重要なポイントになります。

これまでの日本企業はピラミッド型組織であり、マネジメントは上からの指示・命令が基本でした。部下の一人ひとりがどう考えていようが、どのような思いがあろうが、「仕事なんだからやれ」というマネジメントが一般的でした。

もちろん、今でもこのようなマネジメントをしている管理職はいるでしょう。しかし、このやり方は、我慢して指示・命令に従っていれば、後々の出世や終身雇用が保証される年功序列組織でこそ通用したもの。現代のように、人材の多様化が進んで、働く人たちそれぞれの事情もキャリア意識も異なってきている職場にふさわしいマネジメントではありません。この方法ではもはや部下を動かすことはおろか、部下の育成や成長に貢献することは難しいのです。その実態を理解せず、旧式のマネジメントをただ繰り返している管理職は、結局は自分本位のマネジメントをしているに過ぎないと言えます。

現在のようなダイバーシティ環境下では、多様な部下一人ひとりとしっかりとコミュニケーションを取り、それぞれの価値観や強みを理解し、それぞれにふさわしいサポートをすることが求められます。一方的な指示・命令で済んでいた時代のマネジメントと比べれば、手間も時間もかかります。短期的に見れば、上司ばかりが苦労し、損をしているように感じることもあるかもしれません。

しかし、これからのマネジメント職はプレイヤーとして成果を出してきた人の「上がり」のポジションではなく、専門スキルが求められるプロフェッショナルが担うべき仕事になります。このようなマネジメントに取り組み経験値を積んできた管理職は、本質的な意味で人を育てるとはどういうことかを理解することができますし、必然的に他者に貢献する意識も養われていきます。大きな組織にいる間にこのような経験を積むことができるかどうかが、実はその後のキャリアに大きく影響するのです。

【7】社名や肩書きにこだわる人
——昭和・平成型のプライドを捨てられないミドルは危険

●大企業の社名にかつてほどのインパクトはない

大企業で管理職を務めてきたミドルにはそれなりの自負心があるものです。しかし、社名や肩書きに必要以上のプライドを持ちすぎている人は、そのプライドが、第二、第三の職業人生において邪魔になってしまうこともあります。

関連企業に出向する場合に「元の会社で課長だったから出向先では部長でなければ」、転職する場合に「今までと同格の大企業で、同格の役職でなければ」といったこだわりをあまりに強く持っていると選択肢は狭まるばかり。また、結果として中小企業で働くことになった場合、都落ちした感覚に囚われてしまうことにもなります。それでは新しい職場で浮いてしまい、新たなキャリアを前向きに切り拓いていくモチベーションも維持できません。

このような人は、**他人にどう見られているかということを意識しすぎて、まっすぐ「やりたいこと」に向かうことができなくなっている**のです。

時代は大きく変わりつつあります。私たちバブル入社世代が就職した当時は、世間に名を知られた大企業で働くこと、そこで高いポジションを得ることは、社会的にも大きなステータスでした。直接一緒に仕事をするわけでもない親戚・縁者からもそれだけで一定の敬意を払ってもらうことができたのは確かです。

ところが、今や大企業の社名が持つインパクトは薄らぎつつあります。特に今の若い世代にとってはかつてほど大きな意味を持っていません。

もちろん、社会に出ていない大学生が会社を選ぶ根拠は限られますから、最初は知名度の高い企業、商品やサービスに親しみのある企業を選びがちですし、大手だからこその安定も求めます。しかし、**私たちが若かった頃に比べれば、社名への執着心は驚くほど弱くなっています。**

その証拠に、大企業に就職しても、仕事の内容や職場環境に失望すれば彼らは簡単に辞めてしまいます。ミドル世代なら「せっかく大手に入ったのになんてもったいない」と感じてしまうところですが、彼らは優秀な人ほど苦痛を耐えてまで大企業の看板にしがみつきたいという意識は持っていません。

若手の早期退職に関しては様々な意見がありますし、一概に肯定することもできませんが、彼らの意識の変化がなぜ起きているのかに注目することは重要です。このような傾向は、若手が世の中を知らないから起きているというよりも、彼らが時代の空気の変化を敏感に感じ取っているから、つまり世の中を知っているからだと考えたほうがよいのかもしれません。

●優秀な若者ほど大企業ではなくスタートアップを目指す理由

今や大企業の社名や肩書きには、当のミドルたちが思っているほどの社会的価値はないことをまず理解しなくてはいけません。問われるのは、その会社、そのポジションで何をしてきたかということでしかないのです。

次のような笑えないエピソードもあります。

大手に勤務していたある50代の社員が、一般的には名前を知られていない企業への出向を言い渡されたときのことです。彼はちょうど娘の結婚式を目前に控えており、「せめて、結婚式が終わるまでは今の会社に在籍させてほしい。今の肩書きで出席したいから」と会社に懇願したそうです。バブル入社世代の私たちにとっては、その気持ちが想像できるだけに胸が痛む話でもありますが、この話を若い人たちにすると、きょとんとした顔で、「そんなことが子どもの結婚式に関係あるんですか。父親の社名や肩書きなんて誰が気にするんですか」という答えが返ってきます。それが現実です。

一昔前から、日本と異なり、アメリカでは優秀な若者ほどスタートアップ企業に就職し、優秀ではない若者ほど大企業で働くと言われていましたが、今は日本もアメリカのように変わってきています。日本でも優秀な若者ほどスタートアップ企業に人生を懸けるようになっています。なぜでしょうか。

一つには、若者ほど社会課題に関心が強くなってきており、そこへの貢献欲求が強くなってきていることが挙げられます。国連で演説したスウェーデンの16歳の環境活動家の少女や香港のデモがその代表例です。社会起業家がもてはやされるのも、「会社の中での職位よりも、社会やお客様のお役に立ちたい」というピュアな気持ちの現れです。またこうした動きはＳＮＳでも一気に広まります。

そもそも、働く社会には三種類のタイプの人しかいません。

①労働者、②経営者、③資本家です。

大企業で課長や部長に昇格した、執行役員にまで上り詰めた、といっても、①の中の狭い世界での話です。大手企業で②の商法上の取締役以上の経営者に出世できる人はバブル世代ではほんのわずかでしょう。一部上場企業が約2000社あり、1社平均10人の取締役がいたとして2万人分しかポストはありません。社長ともなれば2000人しかポストはないのです。しかも、ガバナンスの観点から社外取締役を増やしたり、プロ経営者を外から招聘《しょうへい》したりする動きも盛んですから、さらに内部昇格は狭き門になっています。

ミドル世代は①の出世競争の中で戦い、あわよくば②を目指して頑張ってきたわけですが、**社会貢献欲求の強い若者は、こうした組織内の閉じた出世争いには動機づけされません**（なお、③の資本家は、経営者に会社経営を任せてリターンを得る投資家です。配当などの収入とともに、投資するスタートアップ企業が上場するなどしたら大きなリターンがあります）。

もう一つが収入に対する考え方の変化です。

お金だけがすべてではないですが、①労働者の世界で、大手企業で出世競争に打ち勝ち、部長ともなれば年収1000万円超でしょう。運にも恵まれて、万一②の経営者の世界、上場企業の社長になれれば、年収2000万円〜1億円の世界も見えてくるかもしれません。ただ先ほども述べたように、ここまで勝ち残れるのはごく限られた人たちだけです。ほとんどのサラリーマンには無縁の世界です。

一方、世の中には、中小企業が300万〜400万社あると言われます。それぞれに社長がいます。一部上場大手企業と異なる②経営者の世界に、1500倍以上もの社長がいるわけです。かつ中小企業の社長で大手企業社長と同等以上の報酬を得ている人もいます。会社の経費の決裁権もあり有効活用できる富裕層も少なくありません。

しかも、大手上場企業と異なり、中小企業の場合は、②の経営者と③の資本家が同一人物であることも少なくありません。いわゆるオーナー経営者ですね。上場企業では少ないですが、一部いらっしゃいます。例えばソフトバンクの孫正義さん。孫さんの役員報酬は約2・3億円ですが、保有するソフトバンクの株式から得られる配当が年間約100億円、さらにその株式価値が約2兆円だと言われています。

そうなのです。今どきの優秀な若者はこの働く社会のパラダイムも理解しているのです。会社の中での出世争いに汲々とし、何十年もかかって大企業の管理職になるより、やりたい仕事でスタートアップ企業を起こし、大手企業に買ってもらうか、上場できれば、比べ物にならない巨額のリターンが得られると知っているのです。孫さんは別世界としても、数億円単位で会社の売却益を手にした若手起業家は珍しくありません。

●会社を辞めると人脈が切れてしまう人と、辞めても人脈が続く人の違い

話をミドル自身に戻しましょう。
社名や肩書きにこだわる人の大きな問題は、その意識が、普段の仕事ぶりや人とのコミュニケーションにも現れてしまうことです。取引先の担当者に対して、上から目線のコミュニケーションをしてこなかったかどうか、部下に対して、役職の肩書きを振りかざしたマネジメントをしてこなかったかどうか、大企業のミドルは改めて自分を振り返ってみる必要があります。

というのも、**大企業に在籍している当時にできた人脈というのは、辞めてしまうと非常に脆《もろ》い**からです。あなた自身の魅力や能力ではなく、会社の看板やポジションがあるから

人は近づいてくるし、言うことも聞くのです。

そのことを意識して、取引先の担当者とも、上司・部下とも人と人として丁寧に信頼関係を築いていない限り、会社を辞めた後もそれまでのような関係を続けていくことは難しいでしょう。大企業で築いたつもりの人脈をあてにして起業したものの、蓋《ふた》を開けてみれば誰も手を貸してくれず、顧客にもなってくれなかったといった話は実際によくあります。実は私自身、この厳しい現実を突きつけられたことがあります。詳しくは第4章でお話ししますね。

また、元大企業社員という変なプライドを持ったままでは、転職した新しい職場で一から人間関係を築いていくことも難しいでしょう。周囲はその上から目線を敏感に感じ取り、敬遠します。

社名や肩書きにこだわる意識をリセットして、人とのコミュニケーションを見直すことは今からでもできるはずです。会社を辞めるのはそれからでも遅くはありません。

ミドルの"キャリア自律"ケース①

社内での経験&社外での学びによって ライフワークを見つけ二足のわらじへ

——損害保険会社営業管理職　島村康夫さん（仮名・50歳）

●社外の研修に参加したことがきっかけでやりたいことを発見

40代以降の社外での学びがきっかけとなって、第二、第三の職業人生につながるライフワークに目覚める——。損害保険会社営業管理職の島村康夫さん（仮名）はまさにそのようなケースです。

入社当初を振り返ると、損害保険会社を選んだのは安定した大企業だったから。特に業種や職種にこだわりはありませんでした。目の前の課題をクリアすることに真面目に取り組むタイプの島村さんは、20代、30代と順調に実績を重ね、仕事への大きな不満を感じることもなかったそうです。

「営業職として結果は出ていましたから、仕事は楽しかったですね。ただし、それは期待に応える楽しさというか……。正直、この仕事だからこそのやりがいというのは、そこまで強く感じてはいませんでした。40歳を超えて、このままでいいのかという思いはどこかで持っていましたね」

41歳で、営業チームのプレイングマネジャーとして課長職に。当時は7人ほどの部下をまとめていました。他チームと比べても数字をあげて評価もされていました。部長というポジションも見えてくる中で、自分をブラッシュアップする必要性を感じ始めていました。折しも、社内で幹部候補生を対象とした研修の参加者を募集していたため、島村さんは自ら手を挙げました。

この研修は単なる階層別研修などとは異なり、複数の大手企業が合同で開催している次世代経営幹部養成研修。約1年間、少数精鋭型の授業で人間力を高めていく内容でした。

「他社のミドルがどのようなキャリア観を持っているかがわかって刺激になりましたね。また、この研修を通して、自分は〃人を育てる〃ことに最も魅力を感じることに気づきました。これまでの経験を振り返り、どんな仕事に一番働きがいを感じるかを考えて出た結論でした」

この研修をきっかけに島村さんの意識は変わりました。「自分も人を育てる仕事に関わりたい」と感じた島村さんは、さっそく部下支援に取り組みます。

「その当時、営業チームの若手がどうも元気がないと感じていたんです。まずは身近なところで彼らの課題を解決しようと思いました。そこで上司に掛け合って、毎週2時間、自分の部下はもちろん、ほかのチームの若手も含めて勉強会を開催することにしました。勉強会といっても、営業テクニックや専門知識を学ぶわけではなくて、働く楽しさみたいなものをみんなで考えてみようという催しです。これを繰り返しているうちに、若手に徐々に笑顔が戻ってきたんですね。それが私自身すごく嬉しくて。やはり人材育成こそ自分のライフワークと言えるものなのかもしれないと、より強く感じるようになりました」

●社外で専門性を強化するための資格取得などに取り組む

やりたいことが見つかった島村さんは、自分の今後の社内でのキャリアを考えたとき、このまま営業部門の幹部へと昇進する道よりも、社内の人事部、特に人材育成部門で力を発揮したいと思うようになりました。

そこで、社内FA制度を利用して何度か手を挙げましたが、なかなか希望は通りませんでした。島村さんは成果をあげていたので、営業部門の責任者が出したくないと考えていたことも影響していたのかもしれません。

しかし、すでにエンジンの掛かっている島村さんのモチベーションはその程度では下がりません。異動の希望がすぐには叶わないなら、この間に社外で学んで力を付けようと、CDA（キャリア・デベロップメント・アドバイザー）資格認定の講座を受講し、資格を取得します。当時は、副業は認められていなかったので、資格を活かして週末などに無償でキャリア相談会などのイベントに参加し、力を付けていきます。

その後は、ＣＤＡの学習の過程で出会ったＮＬＰという心理学についてもプログラムを受講。また、社内にはない新たな人との出会いを求めて民間のビジネススクールにも通い始めます。

「社外での学びはどれも非常に刺激的でおもしろかったですね。ＣＤＡにしても、ＮＬＰにしても、ビジネススクールにしてもそうなんですが、どれもが『自分の人生を生きなさい』ということを教えているわけですよ。一度しかない人生なんだからと」

この頃には、島村さんは社内で定年まで勤め上げることに対するこだわりはなくなっていました。異動の希望が通るようなら、社内の人材育成部門で第二のキャリアをスタートしてもいいし、それが難しければ転職や独立といった道もある。特にビジネススクールで自ら積極的にキャリアを切り拓いている仲間と出会ったことで、自分の中の可能性がグングン広がっていくのを感じていました。

数年前と比べると社外に知人・友人も増え、今後のキャリアについて相談する機会も多くなっていました。コーチングの専門家、キャリアコンサルタントなどの職種で独立・転職して活躍している人たちとも頻繁にコミュニケーションするようになり、

「独立もいいかな」と考えていたあるとき、先輩コンサルタントのあるアドバイスが島村さんの心に響いたそうです。

●会社の中で人材育成を学んでこそ本当の強みになる

「今、島村さんが営業チームのリーダーとして働きながら、会社の中でCDAやNLPの資格を持っていることにはすごく価値があると思う。しかし、コーチやキャリアコンサルタントとして独立したとすると、それらの資格はプロフェッショナルならすでに学んでいる人も多いから、希少価値はなくなってしまう。むしろ、営業チームの現場とか、組織の中での人材育成に関して、会社の中でしっかりと実績を作ったほうが、島村さんならではの強みになるんじゃないかな」

この先輩の言葉で、島村さんは再び社内に目を向けるようになります。確かに大企業に在籍していながら、大企業の人事制度や人材育成について詳しく知らないままではもったいない。島村さんは、引き続き現場での部下育成に励みながら、人事部の同期と交流する機会を増やしていきました。

「話を聞いてみると、大企業ならではの人事の課題などいろいろと知ることができましたね。こんなふうにいろいろ教えてもらえるのは社内の人間関係があればこそ。辞める前にできることはまだまだたくさんあるなと痛感しました。また近々、人事制度改定で副業も解禁されるようです。今後は会社に届け出て、キャリアコンサルタントと部下を育てる営業管理職の二足のわらじをはいて頑張るつもりです。家族もいますし、収入を安定させ経験を積みながら、やりたい仕事にも取り組めるなんてありがたいことです」

こうして島村さんは、充実した第二の職業人生に向けて、会社にいながら自らの強みを磨くことに専念。決して焦ることなく、日々前へと進んでいます。

第3章でお話しする、自分の強みを活かして複数の職場で働きがいある仕事をする「福業」を実践し始めた好事例と言えます。

第2章

「お金、肩書き」から「働きがい」へ

――人生後半戦のキャリアの考え方

【1】「年収200万円台では生きていけない」は本当か？

●大手企業で働く40代の年収は下がる一方

大企業で働くミドルが、第二、第三の職業人生を考える場合、まずリセットしなければいけないのが収入に対する考え方です。今のような恵まれた収入を得るのが当たり前だと考えていると身動きが取れなくなってしまいます。

恐らく、今、大手で働いているミドルに言わせれば「恵まれているなんてとんでもない。入社した頃の課長、部長なんて相当もらっていたし、経費も使いたい放題だった。そんなおいしい思いをして逃げ切った彼らとは違う」「大手は恵まれているというけれど、私たちだって年々苦しくなっている。実際大変なんだ」といった声が返ってくるでしょう。確かに、かつてと比較すれば状況は厳しくなっています。

リーマンショック以降、大手企業に勤務する40代サラリーマンの平均年収は減少傾向。**40代はかつてのように給与が右肩上がりで増えていくのが当たり前の年齢帯ではなくなっています。**出世コースから外れてしまうと、40代で給料が頭打ちになる、あるいは30代より下がってくるケースも、今では非常に多くなりました。

厚生労働省の賃金統計表をもとにした日経新聞の分析によると、1000人以上の大企業で働く40〜44歳の男性の2018年の平均年収は726万円と、2008年比で約70万円減っています。45〜49歳も同期間で約50万円減少。その一方で、25〜29歳は17万円増加していますから、大企業ミドルにとって受難の時代が訪れているのは間違いありません。

若い頃は低くても、年功序列で後払いで増えていくはずだった賃金カーブも少しずつフラットになりつつあります。

しかし、過去の同職位と比べて減ったといっても700万円台。現在の世の中全体を見渡せばまだまだ恵まれた環境にいると見なければなりません。

●年収300万円以下が4割を占める時代に

2017年発表の国税庁「民間給与実態調査」によると、給与所得者のうち、年収400万円以下が57・1％と半数以上を占めており、年収300万円以下も39・6％に達しています。森永卓郎さんが『年収300万円時代を生き抜く経済学』（光文社）を刊行し、サラリーマンに衝撃を与えたのが2003年。しかし、それも今は昔。現代は「年収200万円時代」に突入しつつあるのです。

「このデータは、女性も派遣・アルバイトなどの非正規雇用も含めた数字じゃないか」と考える人もいるかもしれません。しかし、男性・正社員が優遇されている大企業を飛び出してしまえば、あなたも同じ土俵に立つ可能性は十分あります。

第1章でも触れたように、**大企業のミドルが今得ている年収は、必ずしもその人の現状**

の能力・パフォーマンスに応じたものではありません。改めて現在の市場価値に応じた評価をされたとき、700万円、800万円といった年収を保証してくれるものは何もないのです。

●中間層は消滅し、低賃金層が劇的に増えていく

この流れは決して日本だけのものではありません。

2019年に刊行された『アマゾンの倉庫で絶望し、ウーバーの車で発狂した』（ジェームズ・ブラッドワース著、光文社）は、実際にアマゾンの倉庫での労働や、ウーバーのタクシードライバーなどを経験したイギリス人ジャーナリストが、その労働環境や収入の厳しさをレポートした本です。アマゾンにせよ、ウーバーにせよ、企業本体は世界規模の成長を続ける中で、現場のビジネスを支える労働者がいかに苛酷な状況に置かれているかが、この本を読むとよくわかります（もちろん一面だけを取り上げた多少の誇張はあるでしょうが）。

ウーバーのような、インターネットを活用して単発の仕事を単発で請け負うギグワーカーは、自由度が高い働き方ができる一方、新たな搾取の構造も生み出しています。

『アマゾンの～』の著者は、ウーバーのタクシードライバーとして、日本円にすると年間500～600万円は稼ぐとのことですが、これは個人の年収というより事業としての売上である年商に近いものです。ウーバーに25％の手数料を取られる上、個人事業主なので、車の修理代や駐車違反の罰金などの経費はすべて自分持ち。かつイギリスは業務請負の税率も高いので、実質の手取りは日本円にして210万円程度にしかならないのです。

経営者なので乗客は自分で選べるかと思いきや、リクエストの80％を受け容れなければ「アカウント・ステータス」を保持することができません。また、乗客の口コミ評価もネット上にさらされるため、自腹で乗客にペットボトルの水を配るなどのサービス出費もあります。**一見、最先端のように思える仕組みが、新たなタイプのワーキングプアを生み出しているという皮肉な現象が起きているのです。**

アメリカではこうしたギグワーカーを個人事業主とするにはさすがに無理があるということで、従業員扱いにして守ろうとする法整備が進んでいますが、まだ大勢《たいせい》にはなっていません。それどころか、欧米諸国では、これらの決して条件の良くない仕事ですら移民との奪い合いになっています。そして、トランプ政権の支持層と重なる低学歴の白人男性から貧困化が進んでいるのです。

一方の日本の現状では、副業やフリーランスを奨励しようとする傾向すらあります。何より人材不足のほうが大きな問題となっており、本来は国際協力が目的のはずのベトナムなどの途上国からの技能実習生の受け入れ期間が、介護など人材不足が深刻な分野で3年から5年に期間延長されるなど、人材開国に舵《かじ》が切られつつあります。外国人労働者が増加し、人口減少による経済の縮小で仕事の絶対数が減ってくれば、いずれ欧米と同じような状況になっていくことが十分考えられます。

かつてトマ・ピケティが予測した通り、一部の富を有する資本家だけがどんどん富んでいって、中間層は消滅し、低賃金のオペレーショナルな仕事に従事する層が劇的に増えていくという状況が現実のものとなっています。これは世界的な潮流です。

●ライフスタイルや家族のあり方も、セットで見直すことが求められる

もちろん、このような事態は歓迎できるものではありませんが、恨み言を言っても始まりません。であれば、これからを生きる私たちには「年収200万円時代に対応した生き方」を模索していくことが求められます。

もはや「世帯主の男性だけが外に出て稼ぎ、家族を養う」という考え方は一般的ではなくなりつつあります。年収200万円台同士でも夫婦共働きなら、世帯の年収は400～500万円。これなら苦しいながらも家計を組み立てることは可能なラインです。

そしてこれからは、働ける年齢になった子どもも、まだ働けるおじいちゃん、おばあちゃんも外に出て働き、一緒に生活してみんなで家計を支えるといった家族のあり方をも考えていく必要があるのではないでしょうか。高度経済成長とともに核家族化が進むまでの農家や個人商店など自営業ではそれが当たり前でしたから、かつての家族像に回帰していくイメージですね。あるいは、家族以外の人たちともこのようなしっかりとしたコミュニ

ティを形成して、経済的に支え合うような道も考えられるかもしれません。

以前、沖縄県の離島を訪れた際、平均世帯月収が12〜13万円にもかかわらず、住民が豊かな暮らしをされていることに驚いたことがあります。理由はシンプルで、畑で採れた野菜や釣った魚を互いに分け合い、家の修理も近所の働き盛りの人が手伝うなど、お金に換算できない経済が回っているからでした。モノやサービスをお金で買わないからこそ、人と人のつながりが生まれ、幸せになれるのだとすら感じたものです。

今、都会で核家族として暮らしている大企業サラリーマンにとっては、まだ想像しづらい面がある未来像でしょう。しかし、経済的な理由だけでなく、高齢になった親の介護や現役世代の子育ての問題などもあり、従来の働き方や家族のあり方が様々な点で限界に達しつつあることも多くの人が感じているはずです。

働き方やライフスタイルを見直すことによって、厳しい時代を生きていくための工夫は十分できると私は考えています。**現状の生活を基準に「年収200万円では生きていけない」と嘆くより、年収200万円時代に対応し、家族や地域で支え合う生き方を賢く実践していく**ほうが、はるかに建設的だとは思いませんか。

【2】年収1000万円以上のミドルは本当に幸せか？

●家庭の幸せを犠牲にしてきた高収入組

格差が拡大する一方なら、何としても勝ち組にならなければならないと考える人も多いでしょう。しかし、今、年収1000万円超の人たちは、給与所得者のうちわずか5％前後に過ぎません。大企業で順調に出世できた管理職、あるいはハイスペックな専門職やエンジニアなど、ごく一部のエリートたちに限られます。

今のミドルが就職した頃のバブル時代であれば、年収1000万円は大手企業サラリーマンのごく一般的な管理職の稼ぎであり現実味ある夢でしたが、今や多くの人にとって、その夢は非現実的なものとなっています。

ここで視点を変えてみましょう。年収1000万円超の人たちは、本当に幸福なのでしょうか？　今、大企業でそれだけの年収を得ている層には、部長職など幹部管理職以上のポジションを得るまでに、**辞令一つによる転勤を繰り返し、長時間労働に耐え、幸いにも心身を壊すことなく、我慢に我慢を重ねてきた人が多い**はずです。

仕事人間、会社人間と揶揄《やゆ》されることも多い、こうした日本的サラリーマンの働き方は、多くの場合、家庭生活を犠牲にして成り立ってきました。子育てはすべて妻に任せっきりで、子どもが育ち盛りの時期に数年にわたって単身赴任を経験した人もいるでしょう。

その結果、会社での成功は手にできても、家庭は仮面夫婦で子どもとの意思疎通は皆無で引きこもり状態など、家庭での幸せはうまく育むことができなかったという人も決して少なくありません。統計上、引きこもりは15～39歳で54万人以上、40～64歳で61万人以上いると言われますが、実態はもっと多いかもしれません。

●地方の中小企業だからこそ手に入れられる幸福もある

群馬県の山あいに中里スプリング製作所という小さなバネメーカーがあります。以前、現地で取材し感銘を受け、同社の中里良一社長には私が営む会社が開講する経営者セミナーでもたびたび講演してもらっています。その中里社長からこんなエピソードを伺いました。

中里スプリング製作所は地方にある町工場なので、当然、都会の大企業のような高待遇は望めません。しかし、転勤のない地域密着型の会社ですから、職住近接で家族ともしっかりコミュニケーションを取って暮らすことができます。男性であっても、子どもが熱を出したと連絡があれば、すぐに学校に駆けつけられる環境です。

この会社ではまた、社長と社員が夢を語り合う「夢会議」を定期的に開催しています。この会議で社長から「何か人生の目標を持ちなさい」と言われたある社員は、「家族で家を持ちたい」という目標を語ったそうです。そしてその社員は社長の勧めで目標実現のために「夢年表」を書き、そのときから給料をやりくりし、貯金をしてついに家を建てました。その人は学生時代には勉強は得意ではなかったとのことですが、町工場でコツコツ働きながら夢を実現し、家族との幸福な生活を手にすることができたのです。

一方、その社員には高学歴で都会の大企業に勤めるお兄さんがいました。当然、収入はお兄さんのほうが高かったのですが、日々の仕事で疲れ切り、転勤の連続で家族と一緒に暮らすこともできず、その時点では家族で団らんできる家を持つこともできなかったそうです。

読者の皆さんはこの兄弟のどちらを幸せだと思うでしょうか。

一昔前の価値観なら、都会の大企業で高収入を稼ぐお兄さんは典型的なエリートサラリーマンの成功例と見なされたはずですが、今は世の中の価値観も変わってきました。**地元に密着して働きながら、自分の家を持って家族と仲良く暮らせることのほうに、本当の幸福を感じる人も多くなっている**のではないでしょうか。

●「給与・肩書き」から「働きがい」へ。プライドの物差しを置き換えよう

そもそも、バブル世代の人生を振り返ると、子どもの頃から遊ぶのを我慢して詰め込み教育、受験のための勉強を強いられてきました。多くの人が「我慢して勉強しなさい。いい学校に行ければ、いい会社に就職でき、一生安泰だから」と親から言われて、育ってきたことでしょう。

会社に入ってからも、今ならパワハラ・セクハラで一発アウトになりそうな上司に仕え、不条理な指示・命令を引き受け、長時間労働や出張もいとわず、辞令一枚での転勤・異動にも耐え抜いてきたはずです。

それもこれも、今は我慢して働けば、成功し、将来は豊かになると信じて疑わなかったからです。滅私奉公すれば出世でき、20年、30年後には課長や部長という肩書きを手に入れられ、給与も上がって郊外に家を構えて家族を養えると考えていたからです。

実際に、年功序列・終身雇用を謳う日本型雇用は、暗黙のうちにその勝ち組の人生設計

を保証してくれていました。一回り二回り上の世代が、高度成長期にその勝ち組人生を実現していることも目《ま》の当たりにしてきましたから、自分たちもいつかは……とずっと考えてきたはずです。**我慢して努力をすれば、経済的に成功して、家族も養えて幸せになれるという「給与・肩書き」物差しの人生モデル**ですね。

ところが、繰り返しお話しししてきているように、高度成長期から成熟経済・低成長期に入った現代では、年功序列・終身雇用を保証する日本型雇用はもう通用しなくなってきています。この前提が変わってしまったため、当然「給与・肩書き」物差しで測る人生設計も、もう古くなっているのです。

もっと言うと、車や高級ファッションといったブランドものを買い所有することでプライドを満たしてきたバブル世代には、経済的に豊かになることは念願でした。

しかし、現代の若者はものを買い所有することでプライドを満たす傾向は薄くなっています。そのため、経済的に成功すること、つまり高い給与を稼ぐことだけに強く惹きつけられないのです。ものについては所有せずに利用できれば十分であり、利用する喜び＝幸せのほうを重視するようになっています。さらには実利を考えると共有したほうがスマートであり、利用する喜びを分かち合うことのほうがさらに幸せを実感できる、とすら考えるように変わってきています。

これを仕事にあてはめると、日々努力していることがすぐに幸せだと感じられることを求めるということです。

幸せの意味とは、自分が働くことが誰かの役に立っていると感じられる喜びです。つまり「働きがい」と言ってよいでしょう。働くという漢字は、にんべんに動くと書きます。人のために動くことが働くことの本質なのです。そして、働きがいとは、人のために動く喜びを感じられることだと私は考えます。こうした日々の幸せ＝働きがいを積み重ねることが、将来の豊かさにつながると、若い人たちから価値観が変わってきているのです。

また求められる豊かさの定義は、経済的にリッチになる成功ではなく、心が満たされ精神的に豊かになる**「成幸」**に変わってきています。**努力することですぐに働きがいという幸せを実感でき、その積み重ねで成幸するという「働きがい」物差しの人生モデル**ですね（左の図を参照）。

脱！我慢を美徳化する日本型雇用
プライドの物差しを置き換えよう

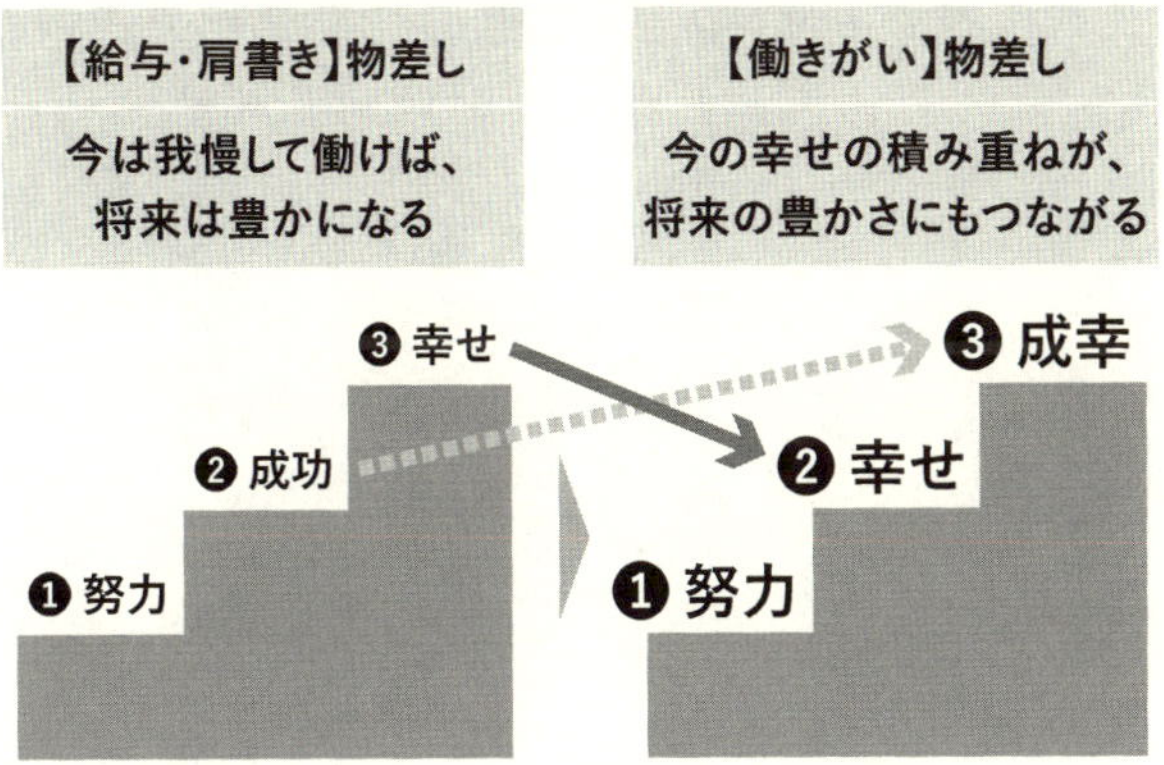

若手の部下を持つ皆さんなら日々感じていると思いますが、現代の優秀な若者に「今は我慢して働けば将来は豊かになる。だから四の五の言わずに言われたことをやりなさい」などと言おうものなら、途端にモチベーションを失い、早々に辞表を出されるだけでしょう。「我慢して上司に仕えれば、出世して管理職になれるぞ」と励ましても、「できれば管理職になりたくないんですけど……」と切り返されるのがオチでしょう（面と向かってそうは言わないかもしれませんが、内心はきっとそう思っているはずです）。

「石の上にも三年」という諺《ことわざ》があります

が、それは全員が成功することを求めており、三年我慢すれば成功するという暗黙の共通認識があったから通じた話なのです。我慢を美徳化する日本型雇用の枠に若者を押し込めようとしても、「将来の成功なんて会社は保証してくれないし、そもそも経済的な成功なんて求めていないのだから、意味の感じられない三年なんて我慢できない」と思われるだけです。

この「給与・肩書き」から「働きがい」に、プライドの物差しが変わっているのは、若者だけの話ではありません。若者は時代を映す鏡であり、現代の働く人たちすべてにとっても重要な考え方なのです。環境や時代が変わったのです。ミドル世代も、これからのキャリアを考える際は「給与・肩書き」物差しを捨てて、「働きがい」物差しで考えるべきだと私は思います。

私自身の話もしておきましょう。

会社を辞めて起業した当時、当然ながら収入はガクッと下がりました。しかし、自分の裁量で働くことができるようになって、家族と接する時間は増えました。会社員時代は子どもの学校行事に参加したことはほとんどありませんでしたが、今は子どもの保育園や学童保育への送り迎えもしていますし、三者面談や学校公開日などにも積極的に参加するようにもなりました。子どもの成長を近くで見守ることができるという、モーレツサラリーマン時代にはなかった幸福を日々味わっています。

確かに会社員時代のほうが額面給与は高く、肩書きに社会的なステータスもあったかもしれませんし、大企業だからこそのスケールの大きい仕事もできていました。それでもなお、プライベートも含めたトータルで考えれば、今のほうが幸せだと感じています。ちなみに、睡眠時間もしっかりとれるようになり、ランチも早食いしなくてよくなりました。健康的でもありますね。

●実態を知れば「年収1000万円」は決してうらやましくない

また、今の時代に年収1000万円以上稼いでいるサラリーマンというのは、その多くが激務です。厳しいプレッシャーと長時間労働の中で、肉体的にも精神的にも疲弊し切っている人が非常に多いのです。

働き方改革で日本人の労働時間は減ってきていると言われますが、その実態は非正規雇用の人たちや部下の立場の一般社員の労働時間の減少が大きく、ミドル世代、特に管理職層の労働時間はそれほど減っていません。裁量労働制の人もおり、高収入に見合う結果をシビアに求められるわけですから、それも必然でしょう。

「顧客に働き方改革を提案している経営コンサルタントや法整備をしている霞が関の官僚が、連日深夜まで働いている」という笑えない話も実際によく耳にします。激務の末、体を壊す人や精神的に病んでしまう人も少なくありません。彼らの労働環境を目の当たりにすれば、単純に年収1000万円超をうらやましいとは思えなくなるはずです。


なおかつ、社会保障費が膨張し国の財政が厳しくなっていく中で、さらなる消費税増税にも反発がありますから、高収入層の税負担率は今後ますます高くなっていくことが予想されます。財政難の国や地方自治体は取れるところから税金を取ろうと、高収入の大企業サラリーマンを狙い撃ちし始めています。妻が専業主婦や年収100万円ちょっとまでのパートタイムで働いている人に対しても、配偶者控除を縮小もしくは無くそうと画策しているのがその象徴です。

要は**額面給与は1000万円超を維持していたとしても、手取り額は減る一方**なのです。我慢して必死に働いても、税金や社会保険料で取られるお金が増えるばかりと考えれば（もちろん納税は国民の大切な義務ではありますが）、今の時代、高収入組が決して得をしてばかりいるわけではないことが理解できるでしょう。

高収入に対するこだわりが捨てられない人は、そもそも年収1000万円が何のために必要なのかを改めて考えてみてください。人より贅沢をしたいから？　収入が自分の価値を表すから？　それらは**家族との幸せや心身の健康を犠牲にしてまで得る意味があるものでしょうか。**収入のプライオリティを下げ、「やりたいこと」や「家族との幸せ」のプライオリティを上げることで、仕事もプライベートも含めて、人生の後半戦はより豊かなものになっていくはずです。

【3】「年収＝フロー思考」から「資産＝ストック思考」へ

●フロー思考のマネープランはもはや限界に

第2章では、ここまで、高年収にこだわらず、お金には代えられない幸福を大切にして生きていく術を考えたほうがいいというお話をしてきました。

しかし、老後2000万円問題であれほど不安がかきたてられたことを思えば、人生100年時代、長ければこれから50年続く人生の後半戦、自分が亡くなった後の妻や子どもの生活を考える上で、マネープランを軽視することができないのも確かです。

ここでも発想の転換が求められます。私たちは、自分自身の年収、夫婦共働きの場合は世帯の年収という単位でマネープランを考えがちです。

この考え方は、お金を毎年入ってくる金額を基準に考える「フロー思考」です。50代を過ぎて年収が下がっていけば、使えるお金はどんどん減っていく。老後に2000万円が必要と言われる中で、60代、70代になってさらに給与が減り、年金がいくら入って……という計算をしていくと、不安感ばかり募《つの》ってしまうのも無理はない話です。信託銀行や不動産・証券会社などの営業攻勢も激しくなっており、不安や危機感を煽《あお》られますしね。多くの人にはこれから得るものよりも、すでに得たものを失うことを回避しようとする「損失回避性」という心理バイアスが働きますから、なおさらです。

しかし、ここで発想の転換が必要です。この**フロー思考を両親の資産を含めた「ストック思考」に切り替える**のです。

少し日本経済の現状を概観しておきましょう。

2018年3月時点で、民間企業の金融資産は過去最高の1178兆円に達しており、これをもっと投資に回すべきだ、労働分配率を高めるべきだという議論が盛んに行われています。もちろんこれらは真剣に検討すべき問題だと思いますが、その一方で、個人が保有する金融資産は、民間企業の1・5倍、1829兆円にまで達しています。内訳は現金預金が961兆円、保険年金が522兆円、株式などが200兆円弱、投資信託が73兆円で、この個人の金融資産の60％は60歳以上の高齢者が保有しています。

高齢者世代は、バブル世代のような消費習慣も基本的にはありません。日々の生活は年金でやりくりし、老後のために預金などの資産にはできるだけ手を付けないという人も非常に多いのです。マイナス金利政策も空しく、大量のお金が使われることなく自宅のタンスや銀行口座に眠ることになり、日本経済の停滞要因の一つになっています。

かつ、今の現役世代は親と離れて暮らしている人が多く、お互いの遠慮もあって、親子でお金の話をする機会もそう多くはありません。その結果、親が認知症を患《わずら》うと本人名義の口座から預金を下ろしにくくなったり、いざ親が亡くなって相続するときには、多額の相続税を払うことになってしまいます。

●親の資産を家族全体のストックとして有効活用する

一方、自分たちが持っている多額の資産を死ぬまでに使い切れないことに気づいた高齢者の中には、豪華客船の旅などの贅沢消費に走る人たちも少なくありません。大前研一さんはこれを〝やけっぱち消費〟と呼んでいます。日本経済の活性化ということを考えれば、それも決して悪いことではありません。

しかし、現役世代は平均年収が減り、税金や社会保険料の負担は増える一方です。主要先進諸国の中で財政支出全体に占める公的教育支出の割合が最低ラインのこの国において、家計の教育費負担もかつてとは比較にならないほど増えています。昭和50年頃に３万6000円だった国立大学の学費は、なんと15倍の53万数千円にも増えているのです。

このように現役の子育て世代が苦しい生活を強いられているわけですから、高齢者が自分たちの贅沢のためだけに資産を浪費するのは決して健全とは思えません。

これも親子でお金の話をしてこなかったため、親は何にお金を使っていいかわからず、結果としてやけっぱち消費に走っているという面があると思います。はたまた爪に火を点《とも》して貯めたタンス預金は、巧妙化する振り込め詐欺の絶好のカモにもなりかねません。

高齢者が多額の資産を保有できているのは、もちろんそれぞれが現役時代に努力をしてきたからこそではありますが、それを可能にする社会システムが機能していたからという面も決して無視することはできません。

時代が変わり、現役世代が一方的に高齢者を支えることが社会構造的に難しくなっている以上、親子で考え方を変え、親の資産を家族全体にとってのストックと捉えて、しっかりと話し合うこともこれからの時代には大切になります。高齢者が資産を使い切れずに亡くなれば、相続税の名のもと多くを国が持っていくわけですから。これが「ストック思考」です。

ちなみに、起業を目指す人は、なおさらフロー思考からストック思考に意識を変えなくてはいけません。短期的にどれだけ稼いだかのフローの状態を示す損益計算書（P／L）の改善は現場の仕事であり、中長期的に会社が潰れずに投資・成長するためのストックの状態を示す貸借対照表（B／S）を強くすることが経営者の仕事だからです。

それでも「親の資産をあてにするというのは……」と考える人もいるでしょう。しかし、高齢の親世代としても、きちんと話し合って、子ども世代の厳しい経済事情が理解できれば、子どもや孫が豊かな生活を送るために、自分たちの資産を使うことをネガティブには捉えないはずです。

毎年非課税の範囲内で生前贈与を受ける、孫の教育資金として非課税の一括贈与を受けるといったことを計画的に実践すれば、相続税は大幅に節約できます。空き家になった実家を貸せば、フロー所得も増やせるかもしれません。

格差と貧困化が進むこの国において、国が守ってくれないなら、家族で力を合わせて自分たちを守ることも意識せざるを得ません。今や、家族のつながりの中で、家族全体の幸福のためにストックを有効活用することを真剣に考えるべき時代なのです。

【4】マネープランで安心できても本当の幸せは訪れない!?

●思い描いていたほどハッピーではないリタイア生活

日本経済の先行きは不透明で、多くの現役世代が将来に不安を抱いています。しかし、その中でも、大企業勤務のミドルは貯蓄もあるでしょうし、企業によって減額や制度変更も進んでいるとはいえ退職金や企業年金もありますから、定年後のマネープランに関してはそれほど心配していないという人も多いでしょう。

しかし、定年後の人生を考えたとき、大切なのはお金だけではありません。

今の若い世代は、男性の育児参加も進んできていますし、働き方改革が進む中で、プライベートな生活を大切にする人たちも増えています。

一方、バブル入社世代から上の男性は、いわゆる「仕事人間」「会社人間」が当たり前でした。就職後の人生の大部分を、家庭を顧《かえり》みずに仕事に捧げてきた人が大多数。**家事も子育ても近所付き合いも、PTAや地域コミュニティでの活動も、妻に丸投げしてきた人がほとんど**と言ってもいいでしょう。人間関係も会社の上司・同僚・後輩、取引先の担当者など、仕事で縁がある人たちに限られます。数少ない趣味も、仕事関係の付き合いで楽しむゴルフ程度という人も少なくありません。

さて、このような人たちが定年退職し、いきなり悠々自適の生活に入ったとしたらどうなるでしょうか。もう満員電車に乗らなくてもいい、仕事のプレッシャーからも、煩《わずら》わしい社内の人間関係からも解放されると考えると、夢のように感じられるかもしれません。

しかし、会社人間の定年後の生活は、思い描いていたほどハッピーにはならない場合が非常に多いのです。

●定年後の夫婦生活は夫が考えているほど甘くない

まず、妻と二人きりで過ごす生活がそうすんなりとは成り立ちません。なにしろ、会社員当時に家庭を顧みてこなかったのですから、妻との間に共通の趣味もなければ、話題もない。それまでは夫が平日はほとんど家にいないからこそなんとか夫婦関係が成立していたとしたら、妻にとって夫が一日中家にいることはストレスでしかありません。その結果、**夫婦二人きりの家庭に、悠々自適というにはほど遠い、寒々しい空気が流れる**ことになりかねません。

また、会社人間だったシニアは、毎日行くところもなければすることもありません。そのため、夫婦関係が特別良好というわけでなくても、妻が買い物に出かけるとなると、「オレも行く」と意味もなく付いて歩くシニア男性も多いといいます。俗に言う「濡れ落ち葉亭主」です。これも妻にとってはストレスでしかないでしょう。

この手の話は実際多くの人が、定年前から夫婦のよくあるエピソードとしてさんざん耳にしているはずです。しかし、仕事にかまけて妻としっかり向き合ってこなかった人たちは、妻との間にある価値観のズレや感情の行き違いも、自覚しきれていません。そのため、**「そうは言っても自分たちはなんとかなるだろう」「少しは家事も手伝うようにすれば妻のご機嫌も取れるだろう」というふうに甘く考えがち**。そして、実際に定年後の生活を迎えてから、妻とのギャップを初めて実感することになるのです。

●会社で築いた人間関係は定年後には終わってしまう

そもそも、家庭を除くと仕事関係のつながりしかないことも大きな問題です。

その仕事関係のつながりですら、定年後はあっという間に希薄になります。定年退職した側は、長年にわたって同じ釜の飯を食ってきた部下や後輩との人間関係は退職後も続いていくと考えがちです。

人徳があれば実際続いていく人も中にはいるでしょう。しかし、現役の人たちの多くは退職した上司や先輩と積極的に関わりたいとは考えないものです。職場の上司・先輩だから付き合ってきただけで、会社という枠組み、仕事という共通項がなくなれば、その関係は実に脆いもの。そう聞くと空しく感じる人もいるでしょうが、それが現実です。

それなら、定年退職後に地域や趣味のコミュニティに参加すればいいと考える人もいるでしょう。しかし、これも思いのほか簡単なことではありません。日本型組織の中で長い間、**同質性の高い人とばかり付き合ってきたサラリーマンは、地域や趣味の世界で、多様な人たちと一から人間関係を築くのが苦手**な場合が多いからです。

その結果、公共図書館や大学の市民向け公開講座などは、行き場のないシニア男性で溢れ返っています。起業後は時間の融通が利くようになった私も国際情勢や経営が学べる講座に参加したことがありますが、周囲は本当にシニア男性ばかりでした。

もちろん定年退職後も国際情勢や経済・経営に興味を持ち、学ぶこと自体が悪いわけではありませんが、リタイア組のシニアには学んだことを直に活かす場は少ないでしょうから切なく思います。

かつ、様子を観察していると、参加しているシニアの男性同士が交流することもほとんどなく、それぞれが黙々と学んでいるのです。「これが女性同士だったら隣に座った人とちょっとした雑談などが始まりそうなものだけど……」と感じたことを覚えています。

定年退職後のこのような生活が果たして幸せと言えるのかどうか。お金の心配がなくなったところで、それだけでは定年後の幸福が約束されることはないのです。

【5】「元気だから働く」のではなく「働くから元気」になる

●シニアの就業理由トップは「生きがい、社会参加のため」

近年、継続雇用制度の導入や定年の延長・廃止が進んだことで、サラリーマンが65歳まで働き続けられる環境が整ってきました。また、労働力不足もあって、65歳以上のシニアを積極的に雇用する企業も以前より増加傾向にあります。

内閣府の「平成30年版高齢社会白書」によれば、60〜64歳の労働力人口は1990年には372万人でしたが、2017年には536万人にまで増加。65〜69歳は199万人から４５４万人に、70歳以上は１６１万人から３６７万人にまで増加しています。労働力人口全体に占める65歳以上の割合は、１９９０年の５・６％から２０１７年には12・２％にまで上昇しています。

また、調査時点で仕事に就いていた60歳以上の42・０％が「あなたは何歳頃まで、収入を伴う仕事をしたいですか」という質問に対して、「働けるうちはいつまでも」と回答。明治安田生活福祉研究所の「２０１８年　50代・60代の働き方に関する意識と実態」によると、定年前正社員の８割が、定年後も働くことを希望しています。今後も働くシニアは確実に増えていくでしょう。**もはや「定年＝リタイア」という時代ではなくなりました。**

さらに注目したいのが、ミドル・シニアが働く動機です。次ページのグラフ（高齢期の就業希望理由（年齢別）：厚生労働省「高齢社会に関する意識調査」）を見てください。

就業理由として、「経済上の理由」を挙げているのは現役世代の40～49歳が最も多く（77・５％）、年齢層が上がるほど目に見えてその割合は低下していきます。

一方で、「生きがい、社会参加のため」と回答した割合が最も多かったのは70～79歳

元気だから働くのではなく、働くから元気になる

■ 高齢期の就業希望理由（年齢別）

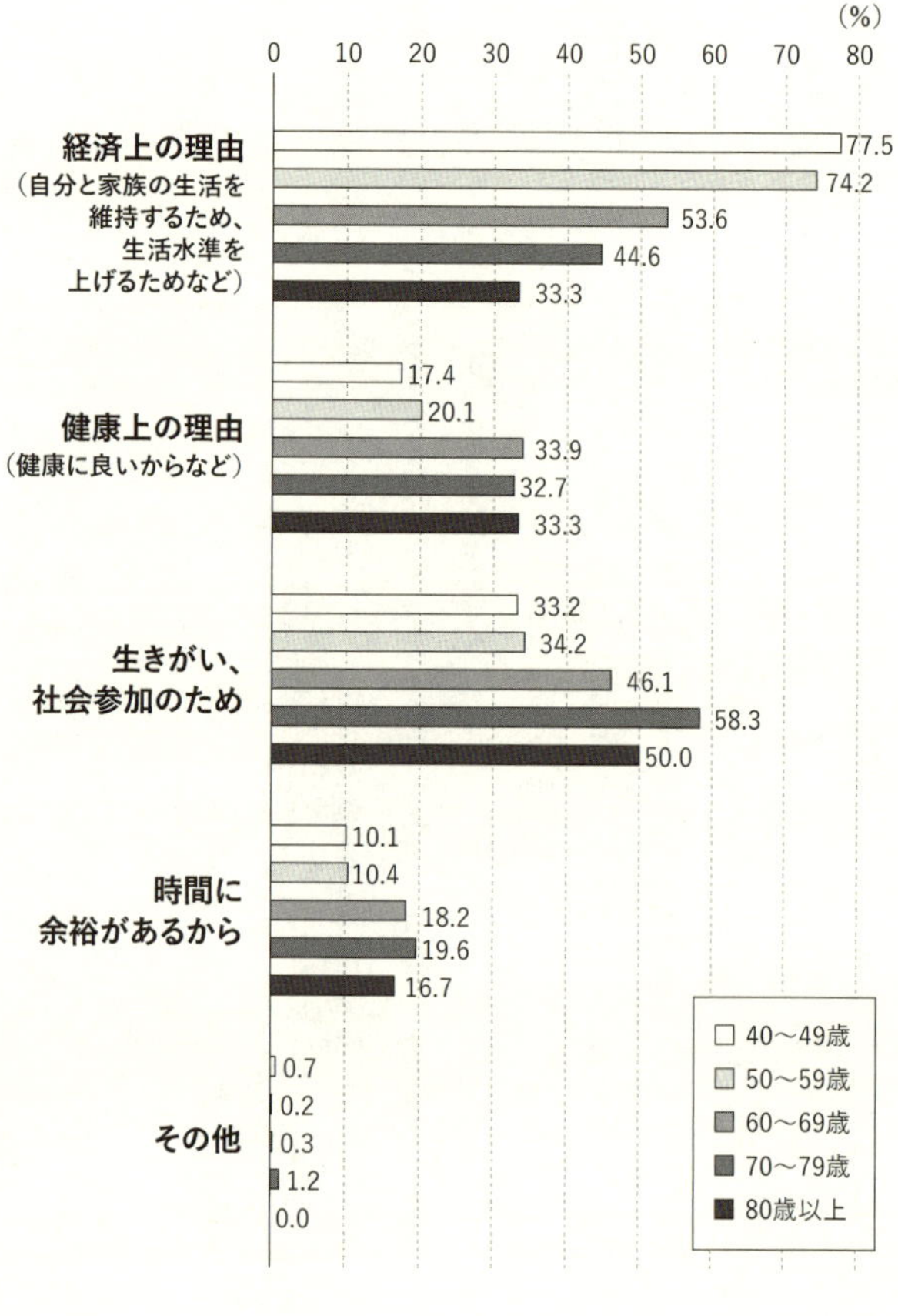

出典：厚生労働省「高齢社会に関する意識調査」(2016年2月)

（58・3％）。次いで80歳以上（50・0％）、60〜69歳（46・1％）となっています。現役世代は40〜49歳が33・2％、50〜59歳が34・2％とほぼ同水準。60歳以上の回答とは大きな格差があることがわかります。

働くシニアが増えている背景には、高齢者雇用を促進する国の政策の影響もあるでしょう。また、年金だけでは生活が苦しいから働くシニアもいます。でもその多くは国民年金しかない元自営業者などで、ぶ厚い厚生年金、企業年金まである元大企業サラリーマンは生活苦で働いているわけではないのです。

以上のデータを見れば、現状を「高齢になっても働かされる社会」と、一面的にネガティブな解釈をするのが誤りであることがわかるはずです。約半数の働くシニアは、仕事に「生きがい、社会参加」を求めているのです。

●元気の源は「やりがい」と「つながり」

私は、このシニアの声にこそ、働くことの本質を読み取ることができると考えます。人は「元気だから働く」のではなく、「働くから元気」なのです。定年まで病気一つせず元気に働いてきた男性が、リタイアして自宅でのんびりした途端に体調を崩したという話は珍しいことではありません。

元気の源は「やりがい」と「つながり」です。人は働くことによって人や社会とつながり、働いて誰かの役に立つことによって自分の存在意義ややりがいを実感します。

それは決して定年後のシニアにだけ当てはまることではなく、現役世代にとっても同様のはず。しかし、長年の会社員生活に疲弊している現役世代は、この本質を見失ってしまいがちです。だから、定年でリタイアし、「やりがい」や「つながり」を失って初めてその価値を理解するシニアも少なくありません。

定年退職したシニアが多数働いている、ある企業を訪問したときのことです。いったんリタイアしてから仕事復帰した人も多いその職場で、働くシニアに話を聴いたところ、**「仕事終わりにみんなで飲みに行って上司の悪口を言えるのが楽しいんだよね」**という声が返ってきました。

これが決してネガティブなトーンではないのです。むしろ楽しそうなんですね。上司の悪口を言い合えるのもつながりがあればこそ。リタイア後の孤立を経験しているシニアだから、その価値を実感できるのでしょう。

●50歳から今の会社でもう一勝負! キャリアシフトの勧め

これまでは定年=リタイアを前提にした働き方や人生設計が中心で、企業としてもその前提で社員に接していました。しかし、定年=リタイアではなくなっているのです。個人にも企業にも発想の転換が必要です。

頭の整理のために、次ページの図を見てください。縦軸に仕事を続けて「**誉生(誉れある人生)**」を生きるか、プライベートを充実させて「余生」を生きるか、横軸に今の会社で活躍を目指すか、今すぐ転職や独立をするかと置きます。

まずは右下の「黄昏《たそがれ》研修・マネープラン」の領域。多くの大手企業の場合、50歳前後のミドル社員に対して、そろそろ定年後のライフプランを考えましょう、という研修が実施

人生100年。50歳から今の会社でもう一勝負！

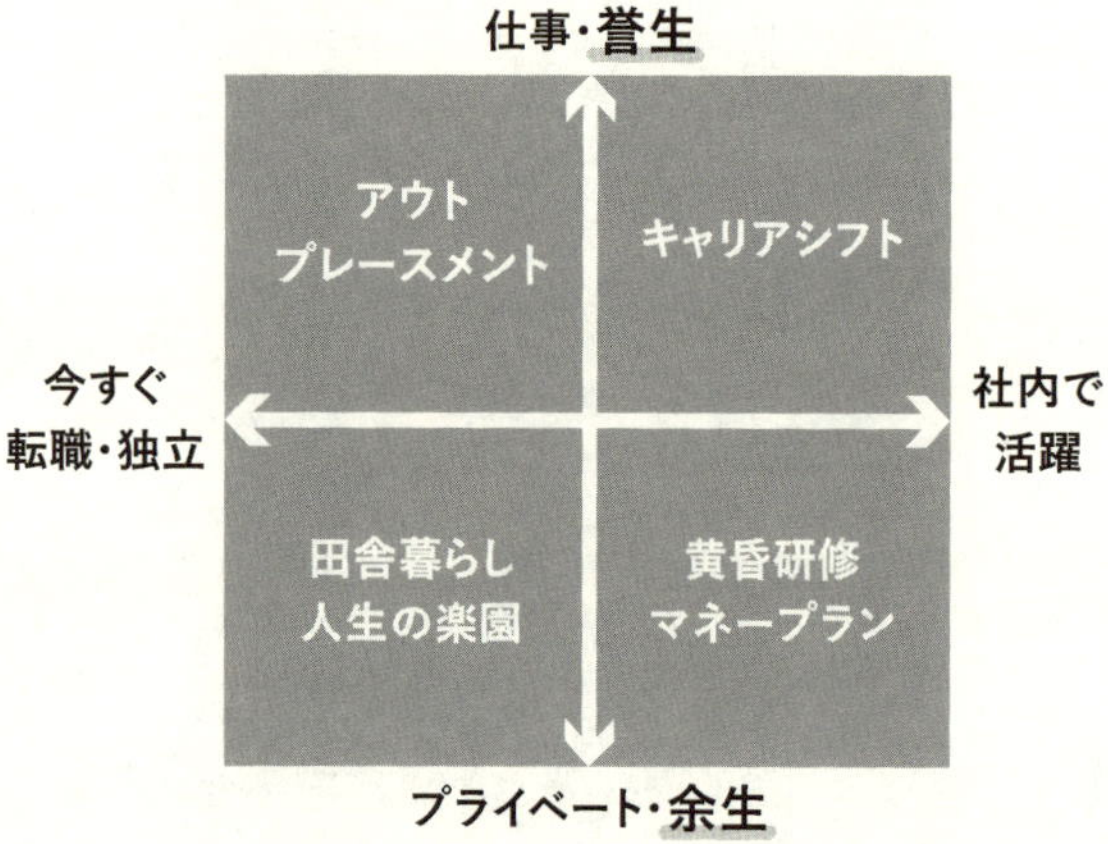

されてきました。住宅ローンはどの程度残っているのか、子どもの教育費はあとどのくらいかかるのか、年金生活になったら、どんな生活にするべきなのか……いろいろとマネープランを考えさせられます。

企業は良かれと思って研修しているのに、当の本人たちはこれからの人生プランを考えさせられると、「ああ、もうオレはこの会社に必要じゃないんだな」「お金のことばかり考えていたら余計不安になってきた」という気持ちになってしまうという構造です。表向きにはライフプラン研修などと銘打たれているものの、ともすれば、「黄昏研修」とも揶揄されがちです。

ただでさえユングの言う「中年の危機」（ミッドライフ・クライシス）の時期であり、かつ「キャリアプラトー」と呼ばれる昇進・昇格の可能性に行き詰まりモチベーションが下がり気味な中で、泣きっ面に蜂だらけという状態です。

ただ、余生の人生設計を支援する研修ならまだよいもの。二つ目は、左上の「アウトプレースメント」の領域。主戦力ではなくなったと決めつけられた50歳前後以上の人たちを対象に、リストラすることを目的としたものです。

しかし、見方を変えれば、これも大企業勤務者ならではの手厚い支援です。第二、第三の誉れある職業人生へのルートを会社が整えてくれているわけですから。しかし会社ムラで生きてきた当人には、そう前向きに受け取ることは難しいもの。強制的に人材斡旋《あっせん》会社で面談され、考えてもなかった中小企業をいくつも紹介され、面接を拒めば会社に居場所がなくなり、追い出し部屋に仕事もなく押し込まれる……。業績が厳しく、給与原資が限られている企業の事情からすると仕方ないのかもしれませんが、当人にとってみたら、プライドはボロボロになり、落ち込むどころではないでしょう。

三つ目は、そんな会社や仕事のしがらみから解放されて、左下の「田舎暮らし・人生の楽園」を目指したいという領域。このニーズに応える地方自治体の移住支援サービスもあります。テレビ朝日の番組『人生の楽園』に出てくるようなシニアの生き方ですね。

ちなみに、あの番組では、綺麗な面ばかりがクローズアップされますが、都会の便利な暮らしに慣れた人が、不便な田舎生活を送ることは簡単ではありません。何より、田舎の濃密なムラ社会に溶け込めず、人間関係をうまくやっていけない人は少なくありません。

これまでの三つは、すべて定年＝リタイアを前提としたものばかりです。でも、「定年＝第二、第三の職業人生のスタート」と考えると、今の会社での仕事や役割の捉え方もガラリと変わるはずです。これが右上の「キャリアシフト」の領域です。

大手企業で働いてきた、これまでは管理職として部下に指示を出してきた、管理職ではなくとも下請け会社に指示してきたという人たちも、定年後は中小企業で働くか、自営の道を選ぶわけですから、自分がプレイヤーとして動かなければなりません。となると、**役職定年でプレイヤーに戻ることに腐っている場合ではありません。むしろ歓迎し、積極的**

にプレイヤーとして動ける体に戻すべきでしょう。

これまでは専門領域の仕事のみをしてきたという人も、中小企業に転職すれば、もっと幅広く業務を担わなければいけません。独立して自営業を目指すなら、すべての業務を自分が担わなければならなくなるのです。

そんな**5年先、10年先の定年後を見据えると、今のうちに積極的に他部署の仕事に関わり、教えてもらう働き方も意識すべき**でしょう。キャリアシフトとは、給与や肩書きに一喜一憂していた過去のパラダイムを脱し、自分自身の「働きがい」を重視して、今の会社での仕事や働き方を見つめ直すことです。

２０１９年６月26日、私が営むＦｅｅｌＷｏｒｋｓが企業人事を対象に、まさに「バブル世代のキャリアシフト」と題したシンポジウムを開催したところ、１００人の定員がすぐ埋まるほどの予想以上の大盛況となりました。ソニー、ディスコ、リクルートといった企業に登壇いただき、ミドル層の転職マーケットのトレンドや、ミドル世代の多様なキャリアについても支援する先進的な企業事例などを取り上げ、参加した皆さんから大きな関心を集めました。ミドルの活躍支援に向けて、日本の企業も変わり始めているのです。

●多くのミドル・シニアに観てほしい映画『マイ・インターン』

ここでミドル・シニアにとっての働きがいを考える上で、大いに参考になる映画を紹介しておきましょう。『マイ・インターン』というロバート・デ・ニーロ主演の作品です。

定年で印刷会社営業の仕事を引退し、妻にも先立たれた70歳のベン・ウィテカー（デ・ニーロ）は映画の冒頭でこう独白します。「貯まったマイルで海外旅行に行っても帰ってくるたびに感じるのは虚しさばかり、太極拳や園芸など、様々な趣味に手を出しても心にポッカリ空いた穴は埋まらない……」と。

長年の備えで経済的な不安からは解放され、広々とした一軒家に暮らし、たまに孫と過ごすことのみが楽しみな生活。ベンはそんな時間潰しのような自分の余生を分析し、決して不幸ではないはずの今の生活に足りないものは何なのかを考えます。

そこで、彼は、ファッション通販サイトを運営するＩＴベンチャーのシニア・インターンに応募し、若者たちの間で働き始めるのです。

基礎的なITリテラシーすらないベンは、最初は当然のように苦労し、アン・ハサウェイ演じる上司の若い女性経営者にも疎《うと》まれます。ところが、彼はめげることなく、コツコツと誰もやりたがらない雑用をすることから始めます。そして、年の功を活かし、急成長する中で余裕を失っている若い組織の問題点を見抜いて、子ども以上に年の離れた若い同僚の相談相手になったり、若い上司を精神的にサポートしたりして存在感を強めていきます。なにしろ長年営業として働いてきた経験がありますから、人間観察力や人間関係構築力は、コンピュータオタクの若者の比ではありません。

こうしてベンは上司にとっても会社にとっても次第になくてはならない存在になっていきます。そしてベン自身も周囲に貢献することに働きがいを感じ、活力を取り戻していくのです。

2015年公開ですから日本では少し早すぎた作品かもしれませんが、今こそ、中高年の皆さんには観ていただきたい。ミドル・シニアにとっての第二、第三の職業人生の一つのモデルが実に魅力的に描かれています。このストーリーは決して特別な人の特別なエピソードではありません。読者の皆さんにとっても十分あり得る未来なのです。

【6】若者はすでに「働きがい重視」にシフトしている

●日本人の仕事観、キャリア観は大きな転換点を迎えている

「働きがい」が重要になっているのは何もミドル・シニアに限った話ではありません。リクルート時代から30年以上「働く」を探求してきた私は、今、仕事観やキャリア観に関して、日本全体で大きなパラダイムシフトが起きていると感じています。

終身雇用の崩壊によって、組織の論理が優先され、個人が犠牲になる日本的サラリーマン像はもはや成立し難くなりました。では、そのときに私たちの「働く」を支えるものは

何なのか。それこそが一人ひとりの「働きがい」なのです。

感性に優れた若い人たちはこの変化を敏感に感じ取り、いち早く「働きがい重視」へのシフトを始めています。この若者の動きは、古いパラダイムに慣れきってしまったミドルから見ると、まだ理解し難い面があるかもしれません。しかし、私は、彼ら彼女らの変化こそ、私たち日本人のこれからの働き方を先駆的に示していると考えます。

●銀行を辞めていく若者たちの本音

象徴的なエピソードを紹介しましょう。

私たちＦｅｅｌＷｏｒｋｓは、地方銀行で優秀な若手が次々に辞めてしまう問題の原因を探るため、退職した複数の元若手行員にインタビューをしたことがあります。

この問題に関して、現場の支店長をはじめとする上司世代は、概ね「今の若い人たちにはストレス耐性がない。もっとメンタルが強い人材を採らないといけない」といった認識でした。確かに、少子化で大事に育てられた今の若者はミドルの上司世代と比べるとストレス耐性が低くなっているという部分はあるかもしれません。しかし、当の退職した若手たちの声を聴くと、それとはまったく異なる原因が浮かび上がってきたのです。

地方銀行に就職する若者、中でも意欲的な層は、地元でずっと育ってきて、商店街などが年々元気をなくしていくのを目の当たりにする中で、なんとか地元を活性化したい、地域の人たちに貢献したいという熱い思いを抱いて入行してきます。渋沢栄一が礎を創った地方銀行業界は地域経済、地域産業の活性化を理念として掲げていますから、彼ら彼女らの思いは組織の理念とも合致していました。

しかし、実際に働き始めると、理想と現実のギャップに苦しむことになります。経営が苦しい中小企業こそ融資をして支えたいと思っても、職責を果たさなければならないと考える上司からは焦げ付きリスクがある融資先は避けて、余裕のある企業に融資するよう言われる。あるいは、支店の売上を伸ばすために、地元のお年寄りに本当に必要とは思えない金融商品を販売するように言われる……。

もちろん銀行もビジネスですから、利益を上げなくてはいけません。若手もその点は理解していますから、与えられた枠組みの中でなんとか地域の人々に貢献しようと努力します。

しかし、良かれと思ってやったことが、ことごとく上司から否定され、ストップをかけられるということを繰り返すうちに、「この職場にいても自分が理想とするような地元への貢献はできないのではないか」という思いを強く抱くようになっていきます。その結果、退職という選択をすることになったという若手が多かったのです。

ここで私が注目したのは、**上層部と若手との埋めがたい意識の違い**です。

ある若手の言葉が印象的でした。その若手が退職の意思を示したとき、人事から「今、年功序列重視の人事制度の見直しを進めていて、30代でも支店長になれる仕組みを検討している。もう少し我慢してくれ」と引き留められたそうです。

しかし、彼が望んでいたのは、若くして支店長になることではなく、地元のお客様にもっとダイナミックな支援をしていくこと。この人事の引き留めの言葉は、若手行員の退職の覚悟をより強固にしただけでした。

●今や大手企業も働きがいを重視したマネジメントに取り組んでいる

この話を聞いて、「理想と現実は違って当たり前。今の若手は何を青臭いことばかり言っているんだ」と感じたミドルもいるでしょう。もし、これが10年、20年前なら、上司世代が押し付ける組織の論理に若手たちも次第に飲み込まれていったかもしれません。しかし、繰り返しますが、時代は変わりつつあります。

古い組織の論理は、現実問題として機能しなくなっており、もはや説得力を失っています。そんな時代に私たちが前向きに働き続けるには、**一人ひとりが「何のために働くのか」を突き詰めて考え、実践することが大切になります。**

そのため、最近では大手企業も「働きがい」を重視した組織作りに取り組むようになっていますし、トップが社員に向けて「会社のためではなく社会のために働いてほしい」といったメッセージを発するようにもなっています。2016年に『「働きがいあふれる」

チームのつくり方』（ベスト新書）を書き、２０１７年に働きがい創造研究所を設立し、仲間と啓蒙活動に励んできた私としては、やっと時代が動き始めたと感じています。

２０１５年に国連サミットで採択された「持続可能な開発目標（ＳＤＧｓ）」や、環境・社会・企業統治に配慮している企業を重視する「ＥＳＧ投資」が盛んになるなど、世界中でも、収益のみではない企業の存在目的が問われるようになっているのです。そのくらい大きな変化が社会全体で起きていて、この動きは今後さらに広がっていくでしょう。

今の会社で働き続けるにせよ、新たなステージを選択するにせよ、これからを生きる私たちにとって働きがいの追求は最優先事項なのです。

もし、あなたが古い組織の論理に今でも囚われているとしたら、できるだけ早くシフトチェンジすることを意識してください。そのときに参考になるのは、自分たちの古い価値観では理解し難く思える、若者の言葉や行動かもしれません。

【7】コミュニティへの参加・貢献が働きがいを生む

●生きがいも働きがいも「つながりの中」にこそある

定年後のシニアにとって、最も懸念すべき事態は社会から孤立してしまうことです。会社人間、仕事人間として働いていた当時に、人とのつながりがほぼ会社内か仕事関係にしかないと、定年後はそのつながりすらなくなってしまいます。

経済的な不安はなかったとしても、社会から孤立してしまっては人生の後半戦を充実したものにすることはできません。どれだけ好きなことに好きなだけ取り組めても、自分だけのために生きる人生というのは味気ないものです。

そのように考えていくと、**人の「生きがい」や「働きがい」は、周囲の人とのつながりの中でこそ実感できるもの**だということがわかります。

前節で紹介した、銀行を退職した若者たちのエピソードもそれを象徴しています。ただ上司の指示に従って課された目標を追いかけるだけでは、働きがいは得られない。自分がコミュニティの一員であることを意識し、コミュニティに貢献するために働くことによって、初めて働きがいを感じることができる。彼ら彼女らはそれを理解していました。

「働く」という言葉は「はた」を「らく」にすることだとよく言われます。にんべんに動く、と書きますから、人のために動くことが働くことの本質です。**誰かの役に立って、「ありがとう」と言われることの喜びこそが「働きがい」の原点**なのです。

なお、ここで言うコミュニティとは地域社会だけに限りません。より広い意味での社会を意味する場合もあるでしょうし、目的を同じくする人たちとのサークルや団体を意味する場合もあるでしょう。すでにあるコミュニティに参加する場合も、自分で新たなコミュニティを創り出す場合もあると思います。いずれにしろ、何らかのつながりの中で生きるということが大切なのです。

●地域で新たなコミュニティを創造する若者たち

かつては、サラリーマンにとっては会社がほぼ唯一のコミュニティでした。プライベートや家族との生活を犠牲にし、会社のために身を粉にして働く男性正社員同士の運命共同体的なつながりは、非常に同質性が高く、ある意味で強固なものでした。

しかし、今や、職場では働く人たちの価値観や働き方は多様になり、仕事の効率ばかりが叫ばれるようになって飲み会どころかちょっとした雑談などのコミュニケーションも減っていく中で、日本的な組織はコミュニティとしての力を失いつつあります。職場にいながら、孤独感、孤立感を覚えているミドルも決して少なくないはずです。

さらに意識すべきは、**誰もが一生一つの会社で働く時代ではなくなった**ということ。副業・兼業にも注目が集まっています。人と組織に関する研究機関の草分けであるリクルートワークス研究所では、超高齢社会、さらには後期高齢者が急増する重老齢社会が進む2

040年に向けて、多様なつながりとそれぞれの関係性を重視する「マルチリレーション社会」が訪れると提言しています。だからこそ、私たちは新たなコミュニティを見つけ出す必要があるのです。

この点に関しても、今、一部の若い人たちが先駆的な取り組みを始めています。

懇意にさせてもらっている社会デザイン研究者の三浦展《あつし》さんの著作『100万円で家を買い、週3日働く』（光文社）には、物質的な豊かさより人間関係の豊かさを求めて、都会を離れ、地方で生活を始めた若者たちの事例がいくつも紹介されています。

地方の古民家を格安で借り、自分たちの手でリノベーションして仲間とゆったり過ごせる生活空間を創造する、あるいはシェアハウスやゲストハウスを創って経営する、田畑を借りて米や野菜は自分たちで食べる分は作る。これならお金もかかりません。地元で週に3日も働けば、自分たちが理想とする職住近接のライフスタイルを実現できます。

このような田舎暮らしは地域の人々とのつながりなくしては成り立ちません。近所の農家から野菜を格安で譲ってもらったり、必要なものは物々交換したり、自宅の軒先を開放して料理や音楽のイベントを開いて地元の人たちと交流したりと、彼ら彼女らは日々の暮らしを通して地域に深く関わっています。

都心で働きながら、週末などは田舎で暮らす二拠点生活を送る若者も出てきています。私も、千葉県の南房総で3000坪の敷地にある古民家をシェアし合う人たちを訪ねたことがあります。古民家を改修し、荒地を開墾して田畑で汗を流す彼らの幸せそうな笑顔がとても印象的でした。

地域コミュニティの中でこのような古くて新しいライフスタイルを実践する若者たちは、自分たちがやりたいことを実現しつつ、地域を活性化することに貢献しています。手作りの生活、人とのつながりの中に生きがい、働きがいを見出し、自分たちなりの幸福を手に入れているのです。

●PTA、プロボノ……etc. 今からできることはたくさんある

これとは対照的に、定年後、田舎ののんびりした環境を求めて移住したシニアが、結局は地域社会に馴染《なじ》めず、孤立してしまうといった話を耳にすることも少なくありません。

その理由はもうおわかりでしょう。前述の若者たちのように早いタイミングから主体的にコミュニティに参加・貢献する意識が欠けているからです。幸せに生きていくために大切なのは、田舎の環境よりも、人とのつながりなのです。

もちろん選択肢は田舎暮らしには限りません。私たちが参加・貢献できるコミュニティは身近にいくらでもあります。今、生活している地域に目を向けるなら、例えば、子どもの学校のPTA活動に参加することもできるでしょう。地域の祭りの担い手に手を挙げるのもよいでしょう。本業の専門性を活かすならプロボノなどの活動もあります。

今の仕事でコミュニティへの参加・貢献を実感できないなら、働きながらでも参加できる新たなコミュニティを探してみましょう。

会社で肩書きを前提としたコミュニケーションに慣れてしまったミドルの男性は、最初は新たなコミュニティで人間関係を創ることに苦労するはずです。しかし、大変だからといって避けてばかりいては何も始まりません。その苦労を乗り越えた先にこそ、人とつながることの喜びや、本当の意味での生きがい、働きがいがあるのです。

【8】50代から求められる自律的な働き方へのキャリアシフト

●自分の価値観に従って自分で考え、自分で選択する

この章では、大企業に所属していることによって得られる高収入や肩書きに対するこだわりを捨て、自分にとっての働きがいを追求することこそが、第二、第三の職業人生を豊かなものにするために必要であることを、皆さんにお伝えしてきました。

そこで重要になるのが**「キャリア自律」**です。組織の論理のみに従って生きることをやめ、自分のキャリアは、自分の価値観に従って自分で考え、自分で選択する。これが実現

できれば、年齢に関係なく、働くことの幸福を味わい続けることができます。

しかし入社以来、会社の指示・命令に従って生きてきたミドルには、自分で考え、自分で選択するということは容易ではありません。何しろ20〜30年にわたって「キャリアなど考えるな」と言われ続けてきたのです。人はそうすぐに変われるものではありません。

また、その選択には正解もありません。結果として正解だったと言えるかどうかはあくまで自分次第。やってみなければわからないというのが本当のところです。そのことに強い不安を覚える人もいるでしょう。

一度しかない大切な人生。大きなジャンプをするためには助走が必要です。だから、安易に辞めてはいけないのです。

●準備さえやりきれば、そこからは楽観主義でOK

『定年まで待つな！　一生稼げる逆転のキャリア戦略』（PHP研究所）を上梓された成毛眞さんは、同書の中で、40〜50代男性サラリーマンに対して、悠々自適の生活を夢見ながら定年まで耐え抜こうなんて時代錯誤も甚《はなは》だしい、と檄《げき》を飛ばしています。早期退職して上乗せ金までもらえるなら、さっさと辞めて次の人生に挑め、というメッセージです。

こうした言葉に心が動いた人も多いでしょうが、冷静に成毛さんと、今の自分の違いを分析していただきたいのです。成毛さんといえば、まさに第二、第三の職業人生で活躍する先駆者。しかも、いくつかの企業を渡り歩き、その過程でしっかりキャリア自律できていたからこそ、「定年まで待つな」と言い切れるのです。

翻《ひるがえ》って、あなたはどうでしょうか？「まだ辞めるな」という私の意図がご理解いただけるはずです。

すでに繰り返しお伝えしてきましたが、会社にいる間にできる準備は無数にあります。マインド、スキル両面にわたって自分を見つめ直し、社内外で様々な新しいことにチャレンジしてみましょう。その取り組みは新たな自分を発見することにつながりますし、強みを伸ばし、弱みを補強するトレーニングにもなります。その過程で自信が不安を上回り、これからの自分のキャリアに対する期待も膨らんでいくはずです。またその意欲的な働きぶりが評価されて、社内での新たな活躍のステージが拓けることがあるかもしれません。

第1章でも強調した通り、何も考えず、ろくな準備もせずに勢いで行動する「根拠なき楽観主義」は危険です。しかし、今できる準備をしっかりやりきったと思えれば、もう怖じ気づく必要はありません。そこからは楽観主義でいきましょう。

転職であれ、起業であれ、すべてが想定通りにうまくいくことなど、まずありません。どんなに準備をしても想定外の事態は訪れます。失敗や挫折もあるでしょう。

しかし、大企業を飛び出して起業した経験者の立場から言わせていただくと、**「健康」と「友だち」と「希望」さえあれば大丈夫**（これを私は人生後半戦に必須の3条件と呼んでいます）。なんとかなるものです。

では、会社にいる間に具体的にどのような準備ができるのかを、続く第3章で詳しく解説していきましょう。

ミドルの"キャリア自律"ケース②

経済的に組織に依存しないよう
ストック思考でマネープランを組み立て、転身に成功

——元福祉系団体管理職 三好一之さん(仮名・58歳)

●現場を大切にする働き方で30代は充実

半官半民の安定した職場で働きながら、閉塞感のある組織の体質に染まることなく、早期退職制度を活用して、第二の職業人生を選択——。定年まで組織にしがみつくことなく、思い切ったキャリアチェンジを実現した三好一之さん(仮名)は、退職までの間にどのような準備をしていたのでしょうか。

三好さんの職場は半官半民の福祉系団体でした。20〜30代の主な仕事は福祉系専門

職の養成を目的とした研修センターの運営でした。

「福祉という領域の仕事には非常にやりがいを感じていました。20〜30代は現場で自ら企画もできましたし、外部の協力会社と協力し、ああでもないこうでもないと議論しながらおもしろい仕事ができていましたね」

ただし、当時から組織内での今後のキャリアを考えると、不安を覚えることもあったそうです。三好さんは順調に昇進し、部長職として活躍していましたが、要職に就いたからこその葛藤があったといいます。組織の上層部はいわゆる天下り人事も多く、上へ行けば行くほど組織内の政治的な駆け引きが重要になる世界。現場の仕事に楽しさを感じていた三好さんにとっては、組織内でのミドル以降のキャリアに明るい展望を持つことはできなかったのです。

「もちろん安定感という意味では文句のない職場ではあったのですが、上司の姿などを見ていると、あまり楽しそうではないなとはずっと感じていました。管理職になると、自分自身のキャリア観とは関係なく、組織の論理を優先して生きていくことが求められますから。少なくとも自分には向いていないだろうな、と」

そこで、三好さんは30歳を超えた頃から、福祉のスペシャリストとして自分を磨く努力を始めます。研修センターの運営という業務自体に必須ではありませんでしたが、大学の通信教育で学んで社会福祉士の資格を取得。その後も通信制の大学院で福祉経営について研究し、修士号も取得しました。

「結局、現場で何ができるかという問題なんです。私たちは外部の協力会社などに仕事を発注する立場なので、極端な話、丸投げしてしまって後はよろしくというやり方もできます。しかし、それをやってしまうと、私自身、何も積み上げることができませんし、何より働きがいがありません。では、現場で通用する提案をしていくためには何が必要かというと、外部の人に負けないいくらいの専門性を身につけることだと思ったんです。当時考えていたのは『自分のアタッシュケースを持つ』ということですね。アタッシュケースの中身をどれだけ充実させていくかが、現場の仕事にも、その後のキャリアにも大きく影響するだろうと」

●管理職以降のキャリアに閉塞感を覚え、早期退職を意識

その結果、30代の仕事は非常に充実したものになりましたが、40代に入り管理職に昇進すると懸念していた通りの状況に陥ります。現場とは離れ、自ら実務を担当することもなくなり、仕事におもしろさを感じることもなくなっていきました。また、ポジションが上がった分、組織に対する息苦しさもリアルに感じるようになっていったのです。

ただし、それ自体は想定していたことではありました。そこで、三好さんは組織に依存しなくても生きていけるよう、仕事面以外でも準備を進めていました。

「この組織で定年まで働くのは自分には難しいと思っていましたから、50代半ばで早期退職制度を利用して辞めることを考えていたんです。そのためには、経済的に組織に依存しないで生きていける環境を整えておきたいと」

当時、お父さんが不動産を所有していたため、三好さんはお父さんと話し合って複

数のアパート経営を引き継ぐことに。本編の第2章でも解説した、「年収=フロー思考」から「資産=ストック思考」への切り替えですね。家族全体の資産をストック思考で捉えて、40代後半で人生後半戦に向けたマネープランを組み立てたのです。収入面の不安をなくして、やりたい仕事に打ち込める環境整備をしたわけです。

こうして福祉系団体の仕事とは別に安定収入を確保した三好さんは、将来の経済的不安に縛られることなく、第二のキャリアを自由に構想できる立場を手に入れました。

「それでも10年ほどは管理職として働いていました。当時は辞めてどうするという明確なキャリアプランもなかったですからね。安定した組織で辞めていく人もあまりいませんでしたから、身近に早期退職した人のロールモデルもない。ただ、これまでに積み上げてきたものがありましたから、福祉や教育のスペシャリストとして働いていくんだろうなとは考えていたのですが……」

ただし、ミドル以降の転職が決して楽ではないことは三好さんも意識していました。そこで、自分のキャリアが組織外でどこまで通用するものなのか、転職エージェントに登録し、話を聞いてみることにしたのです。

●経験を活かして異業界に新天地を見つけた

「外に出て自分の職務経歴をしっかりと伝えて、専門家に判断してもらうと、意外な発見があったんです。もちろん、選択肢はよりどりみどりというわけにはいきませんでしたが、当初想定していた福祉業界以外でも、例えばテキストを企画・編集する技術がほかの領域でも応用できるのではないかといった話をしてもらえて。収入面に関してはこだわりはなかったので、自分の可能性を思ったより幅広くとらえることができるんだと自信になりましたね」

組織にいる間に、第二の職業人生に向けた不安要素を一つひとつ潰していった三好さんは、当初のプラン通り55歳で早期退職。まったく縁のなかった業界・企業に新天地を見つけて転職しました。

現在は、「今まで狭い世界のしがらみで苦労してきたから、これからは自分の経験値を後世のお役に立てていきたい」という動機から小さな出版社に転職。実務経験と学んできた専門知識を駆使して、福祉に関する教科書の編集・執筆に勤しむ毎日を過ごしています。

第4章でお話ししますが、同業界・同職種ではなく異業界・異職種への転職でも自分の強みを活かすことはできます。三好さんはまさにその典型例と言えるでしょう。

第3章

会社は「学び直しの機会」に溢れている！

——辞める前にできることはまだまだある

【1】自律型人材になるための6つのステップ

●キャリア自律を目指すのは時代の必然

大企業でキャリアを重ねてきたミドルが、充実した第二、第三の職業人生を歩むための最重要キーワードは「キャリア自律」です。

キャリア自律とは、わかりやすく言えば、他者から管理・支配されるのではなくて、自分で作った規律や規範に則って働くことを意味します。キャリア自律ができている自律型人材とは、自分自身の価値観をベースに、自ら仕事や役割を創り出し、周囲を巻き込んで

メンバーシップ型雇用からジョブ型雇用へのシフトで増える多様な働き方・求められるキャリア自律

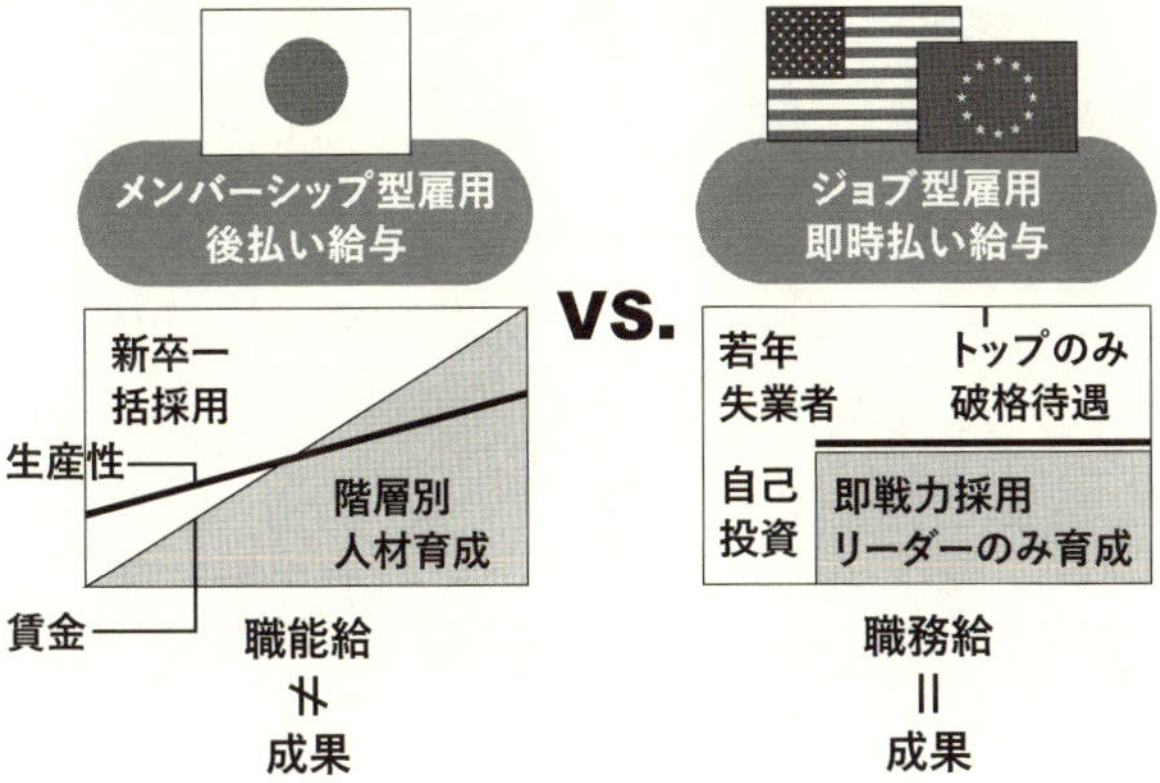

人の役に立つ成果をあげることができる人のことです。

上図を見てください。これまでの日本企業は、新卒一括採用、階層別人材育成によって横並びで長期的に人を育てていくメンバーシップ型雇用でした。

このシステムのもとではキャリア自律は必要ありません。忠実に組織に帰属するメンバーはすべて会社が導いてくれたからです。

給与も、育ててもらえる代わりに低く抑えられる若手時代から上がり続け、50代でピークを迎え、60歳で定年する際は退職金までついてくる年功序列の後払いシステムでした。この賃金カーブはラジアーモデルとも言われます。

しかし、これからは日本の雇用システムも欧米のようなジョブ型雇用に近づいていきます。自己投資で即戦力となる力を付けた人たちが、能力に応じたポジション・成果に応じた報酬を得る世界になっていきます。即戦力人材に対する給与の即時払いシステムです。

こうなると、ＡＩに通じたエンジニアやプロ経営者といった一部の即戦力の人たちには破格待遇が提供される反面、大多数の一般ワーカーは年齢を重ねるだけでは給与は上がりません。それどころか、成果を出せなければすぐ仕事を失うようになっていきます。日本は欧米と異なり企業が社員を解雇するのが難しいと言われますが、グローバル化の流れの中で、徐々にその傾向も失われていくでしょう。

若者はまだポテンシャル（可能性）を買われて職に就けるでしょうが、経験を積んできたミドル・シニアともなれば、キャリア自律したプロフェッショナル人材を目指すのは時代の必然と言うことができるでしょう。

しかし、当然ながら、キャリア自律はそれが重要だと理解できたところで、すぐに実現できるものではありません。特に大企業のミドルは組織の論理に従って考え、行動する習慣が付いてしまっていますから、頭と体を切り替えるには相応の負荷と時間がかかります。「わかる」と「できる」はまったく違います。約30年かけて育んできた習慣ですから、切り替えに数年から10年程度は見込んでおいたほうがいいでしょう。

それを会社にいる間に実現しよう！　というのが、私がこの章で提案したいことです。

では、どうすれば自律型人材になることができるのか。そのプロセスを示したのが、次の６つのステップです。

①キャリアビジョン構築
――自分がやりたいことを明確にする。

②マインドセット
――給与・肩書きから働きがい重視に自分の価値観を軌道修正して、主体的に行動できるマインドを養う。

③相場観・市場理解

——会社の外に目を向け、自分の市場価値を正確に把握する。

④自己認識・強みの棚卸し

——社外でも通用する自分の強み・鍛えられていない弱みを
整理して正しく認識する。

⑤キャリアプラン・腕試し

——第二の職業人生でやりたいことを実現するための具体的な計画を立て、
トライアルとなるアクションを起こす。

⑥強みを補強する

——⑤で得た気づきをベースに、社内での実務、社外での学び直しを通して
強みを研磨してより強固にし、弱みを補強する。

一連のステップをしっかりと実践していくことによって、あなたは着実に自律型人材へと近づいていくことができます。自分がこれからどういう道筋を辿《たど》って、どこへ向かおうとしているのか。今、どの段階まで来ているのか。次にするべきことは何か。常にこの6

ミドルに求められる
キャリア自律10年の計

自律型人材とは

他者から管理・支配されるのではなく、
自分の立てた規律や規範に則って働ける人材

・自ら仕事や役割を創り
・周りを巻き込んで
・結果を出す

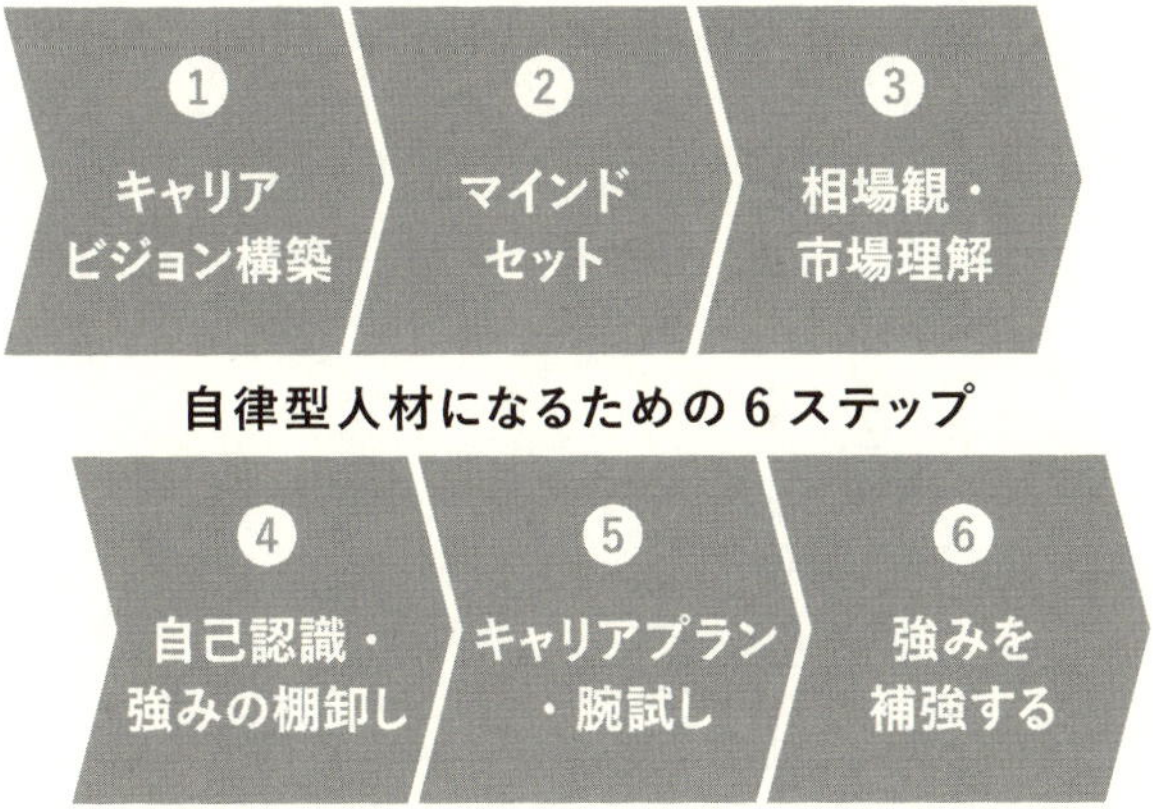

つのステップを意識して確認するようにしてください。

ひょっとすると、「若い頃ならまだしも、今から自分を変えることなどできるだろうか」と感じた人もいるかもしれませんね。

でも、大丈夫です。**人は50歳からでも変わることができます**。パナソニック創業者の松下幸之助さんは、80代で松下政経塾を立ち上げました。H．I．S．会長兼社長の澤田秀雄さんは、60代後半にして数カ月かけて海外を一人旅されています。

一つひとつのステップに真剣に取り組み、そのつど自分の中に起きている小さな変化を実感できれば、きっと変化すること自体が楽しくなってくるはず。そうなればしめたものです。成長のスピードは加速度的に上がっていきます。

なお、時間をムダにしてはいけませんが、**焦りは禁物です。じっくりと自己変革に取り組むことができるのは、大企業の安定し、恵まれた環境があるからこそ。**6つのステップの途中で慌てて会社を辞めてしまうと、自己変革も中途半端に終わってしまいます。

それでは、6つのステップに沿って、会社にいる間に考えられること、やれることについて具体的に解説していきましょう。

【2】50歳からの20年を見通す未来年表を作る

●「ぐるぐる質問」で自分の使命、やりたいことを探る

「①キャリアビジョン構築」のためにお勧めしたいのが、50歳からの20年程度を見通し、**たった1回しかない自分の人生をどう使いたいか**を考えてみることです。

やりたいことに関しては、心に温めているテーマがある人もいるでしょう。しかし長年、組織の論理に従って生きてきたミドルの中には、「やりたいことが何も思い浮かばな

い」という人も実際にいます。

そんな人は、次ページの「ミッション・ビジョンを考える『ぐるぐる質問』」に回答してみてください。改めて自分の仕事や人生を振り返り、自分の内面と対話しながら、じっくり時間をかけて一つひとつ回答を考えていく中で、いろいろな思いが浮かんでくるでしょう。そして、自分が本当は何を望んでいるのか、これからの人生をどのように送り、何を成し遂げたいのかが、徐々に像を結んでいくはずです。それこそがあなたの使命（ミッション）です。そして使命を果たし続けた先にあるワクワクする将来像がキャリアビジョンです。「Uターンして地元を元気にしたい」というミッション、「地元の中小企業向け経営コンサルタントとして活躍する」というビジョンという具合です。

例えば、**「質問④最も楽しかった仕事の経験は何ですか？」**と**「質問⑦自分の人生があと1年だとしたら、どのようなことがしたいですか？」**の回答が近い内容だったら、それがあなたが本当にやりたいこと＝キャリアビジョンなのかもしれません。

あるいは、「質問⑤印象に残る『身近な人から言われた言葉』にはどんなものがありますか？」の回答に、自分だからこそできる使命を見出すこともあるでしょう。「質問③最

ミッション・ビジョンを考える「ぐるぐる質問」

質問 6 あなたは何をするのが大好きですか？	質問 3 最もつらかった仕事の経験は何ですか？	質問 7 自分の人生があと１年だとしたら、どのようなことがしたいですか？
質問 2 最も残せたと思える業績、自分なりの成果は何ですか？	使命 ミッション ▼ 将来像 ビジョン	質問 4 最も楽しかった仕事の経験は何ですか？
質問 5 印象に残る「身近な人から言われた言葉」には、どんなものがありますか？	質問 1 これまでの人生を一言で表現すると、どんな人生でしたか？	質問 8 自分の墓標に刻みたい言葉は何ですか？

もつらかった仕事の経験は何ですか？」の回答の裏側に、あなたの本当の望みがあるのかもしれません。どの質問のどんな回答に未来へのヒントがあるかは人それぞれです。この思索は自分を知るプロセスなのです。

●具体的な目標を書き出すと、今の自分に何が足りないかがわかる

自分のミッション、人生の後半戦に本当にやりたいキャリアビジョンが見えてきたら、その実現に活きる自分の強み、経験が不足していたり鍛えられていない弱みは何かを整理します。そして、強みはさらに強化するために、弱みは補強するために、やっておくべきことをリストアップします。どのような仕事や学びがありうるかを、自由に考えてみてください。きっといろいろな選択肢が浮かんできます。

そして、キャリアビジョン実現の暁に求めたい「働きがい」と「働きやすさ」を具体化します。前者は、**やりたい「仕事内容」**、**得たい「承認」**、**感じたい「達成感」**で具体化するとよいでしょう。後者は、**最低限必要な「収入」**、**働く「時間」**、**構築したい「人間関**

係」で具体化するとよいでしょう。つい後者の「働きやすさ」を重点的に考えがちですが、第二、第三の職業人生で大切なのは前者の「働きがい」です。詳しくは第4章掲載の「人生後半戦の使命を考えるキャリアプランニングシート」を参考にしてください。

次はキャリアビジョンを実現するプロセスを設計していきます。思い描いたやりたいことに基づいて、5年後、10年後、15年後、20年後の自分がどのように働いているかを、具体的に年表に書き込んでいきます。数年ごとにステージを区切って、各ステージ（期間）が自分のキャリアにとってどういった位置づけにあたるかを考えていくのです。詳しくは第4章掲載の「今から20～30年働く未来シミュレーション年表」を参考にしてください。

なお、今の時点で実現可能かどうか厳密に考える必要はありません。収益がどうとか、納期がどうとか、品質がどうとか、**サラリーマンとして求められ続けてきた制約や義務は取っ払って考えましょう。自分の人生であり自分の夢なのですから、「こうなったらいいな」ということを自由に書いていけばよい**のです。

もし今、部下のマネジメントに興味や働きがいを感じていて、将来的には「人を育てる」ことを仕事にしていきたいと考えている人なら、例えば次のようなシミュレーションを作成できるかもしれません。

55歳——副業でセミナーの講師を務める。
60歳——最初の著作を発表する。
65歳（定年）——人材育成を専門とするコンサルティング会社を立ち上げる。
70歳——独自の理論を完成させ、講演活動を通して広く社会に伝える。

このように**具体的な目標を書き出していくと、今の自分に何が足りないのか、今何をやればいいのかが一層はっきりと見えてきます。**

「5年後にセミナー講師をやるとしたら、今から人に教えられるだけの経験を現場で積み重ねておく必要があるし、主要な先人の理論についても研究しておかなければ。今までに講師を経験したことはないから、講師として必要な技術については外部の講座などで学んでおきたい。社内で勉強会を立ち上げて講師役を務めるという方法もあるな」と、次々に具体的な行動のプランが思い浮かぶはずです。

●自分の転機がいつになるかを自分で明確にする

「今から20〜30年働く未来シミュレーション年表」を書くことで自分の転機も明確になります。定年と同時に起業するなら、まさにそのタイミングが人生の転機。それまでにプロとして自立するための理論・スキル・経験値を磨いておく必要がありますし、顧客を紹介してもらえるよう、友だちをはじめ人とのつながりや信頼関係をしっかりと作り直しておくことも大切。起業資金も予算立てて準備しておかないといけません。

何より、起業したら会社のサポートという補助輪なしで生きていくことになります。独立した自分を思い浮かべると、ワクワクすると同時に、「大丈夫だろうか」と不安な気持ちになることもあるでしょう。それが大切なのです。その不安を今から一つひとつ解消していくのですから。

実際に、「今から20～30年働く未来シミュレーション年表」をまとめてみると、意外と時間がないことにも気づくはずです。**何も目標がないと、定年までの10年、15年は長く感じられるもの。しかし、やるべきことが見えてくると、今からの1年1年がいかに大切であるかが実感できる**のです。自然とエンジンがかかることになるでしょう。

ある大手企業で部長を務めている50歳過ぎの男性が、私が営むFeelWorksが開講する講師養成講座に通っていたことがあります。その男性は、10年後ぐらい先に定年してから故郷でコンサルタントとして起業したいと考えていました。

ところが、講座で学びながらやりたいことが明確になり、未来をシミュレーションする中で人生の時間が限られていることを痛感。「10年後に起業しようという自分は、実は本気で考えていなかったし、何も行動していなかった」と猛省し、1年後には会社を早期退職しました。今は苦労をしながらもコンサルタントとして元気に駆け回っています。

気づきと学び直しのモードに入ったあなたは、50歳を超えてなお、日々変化し、成長し、視野も広がっていきます。現実が見えてくることもあるでしょうし、自分の新たな可能性を感じることもあると思います。それにしたがって、やりたいことや目標が変わることもあるはずです。それで構いません。そのつど未来シミュレーションを修正しながら、常に自分がどこに向かっているのかを確認し続けることが重要なのです。

「今から20〜30年働く未来シミュレーション年表」に記された目標はあなたにとっての希望です。この先の人生、会社に依存せず自分の力で生きていこうとするなら、浮き沈みもあれば、想定外の苦労もあると思います。それらを乗り越えていくためにも、この希望が大切なものになるのです。

【3】仕事があることに感謝し、自ら汗をかく

●マインドを切り替えて大企業病から脱することが第一歩

給与・肩書きから働きがい重視への「②**マインドセット**」は、ただ頭の中で考えているだけでは変えられるものではありません。働きがいは自分の内面で感じるものですから、自分の価値観に従って主体的に考え、行動できなければいけません。そのためのマインドを養うには、日々の行動を一つひとつ変えていくことが求められます。

その行動とは利他的、愛他的な働き方です。働きがいとは人のために動く喜びですか

ら、人から求められ、人の役に立てる「仕事があることに感謝し、自ら汗をかく」ことが重要なのです。

会社で長年働いていると、社内に自分の役割や仕事があることを当たり前のように感じがちです。それどころか、負荷が大きいとか、損な役回りを押し付けられたとネガティブに感じることがあるかもしれません。できるだけ仕事が増えないよう立ち回る術を身につけてきたという人もいるかもしれませんね。

また、キャリアを重ねれば重ねるほど、部下や後輩、あるいは外注先などに任せる領域も増えていきます。特に大手企業で働いてきた管理職の場合、人に指示をし、管理するのが自分の仕事という感覚になってしまっている人が多いはずです。

しかし、実際に会社を辞めると実感を伴って理解できるのですが、仕事があるのは当たり前のことではありません。自分を信頼して仕事を依頼してくれる人がいるということは、まさに感謝に値することなのです。

また、定年後に就きたい仕事として希望の多いコンサルタントや顧問として自営独立する場合など、一人で起業すればすべての業務を自分でやることになります。

しかし、それこそが本来の仕事の姿であるはずです。自分で汗をかくからこそ、大変さとともにやりがいを実感できるのです。**人任せにする領域が増えれば増えるほど、その人のプレーヤーとしての能力や能動性は衰えていきます。その結果、次第に働く喜びをダイレクトに感じられなくなってしまう**のです。

もちろん、マネジメントも重要な仕事ですし、そこで汗をかいている人も多いでしょう。とはいえ、ポジションにあぐらをかいて、汗をかくことを忘れてしまっている人も大企業には少なくありません。そもそも会社の外でも通用するマネジメントをしようと思ったら、キャリアやリーダーシップについて学び、人を動かす心理学にも精通するなど、プロフェッショナルにならないといけないのです。


このように、大企業では組織構造がしっかりしているがために、放っておくと、個人が主体的に仕事へと向き合うマインドが弱まっていくという面があります。

そのため、仕事が「やらされるもの」になってしまう。やらされる仕事は苦役でしかないですから、誰かに任せて楽をしたくなってしまうのです。この負のサイクルの中で仕事をしている限り、働きがいを感じることはできません。

自律型人材を目指すためには、このような大企業病とも言える状態のマインドを根本からリセットする必要があります。

だから、「仕事があることに感謝し、自ら汗をかく」のです。一見つまらないと思える仕事でも、感謝の気持ちと工夫次第でやりがいを感じることはできます。雑用のように思える仕事でも、それが周囲の助けになることがいくらでもあります。

日本を代表する思想家である内村鑑三は、後世に遺すべきものに四つあると主張しました。①真摯な生き様、②思想、③事業、④金と順序づけて、真摯な生き様が最も重要だとしたのです。

人とのつながりの中で、周囲に貢献できる喜びを感じながら働くこと。その真摯な積み重ねこそがあなたのマインドを変え、次世代のためにもなるのです。

【4】働き方改革は追い風！　アフター5に社外で学ぶ

●学びの場で自分の相対的位置づけを体感する

「③相場観・市場理解」「④自己認識・強みの棚卸し」を促進するには、とにかく会社ムラの外に出てみることをお勧めします。

社内にいる限りは、社内の基準でしか自分の能力や価値を測ることができません。大企業に勤めているとなおさらそうなりがちです。比較対象も上司や同僚しかいません。だからこそ〝越境〟が必要です。積極的に他社や異業種・他職種のビジネスパーソンと交流し、彼らの能力を体感し、異質な考え方に触れることで、社外で求められる能力の相場も、自分の力の相対的な位置づけも知ることができるのです。

では、社外のどんな場に行けばそのような経験ができるのでしょうか。異業種交流会などに参加するのも悪くはないですが、挨拶《あいさつ》程度で終わってしまうことも多いもの。それでは相場観の把握にも自己認識にもつながりにくいですよね。

注目したいのは、様々な業界・職種の現役のビジネスパーソンが集まる学びの場です。例えば、平日の夜間や土曜日などに開講しているビジネススクール（社会人大学院）や、ビジネスパーソン向けのセミナー、企業の枠を越えた勉強会などがあります。

ただし、単なる座学形式の講演会・講座では人との交流という点では物足りないでしょう。ポイントは、**参加者同士によるディスカッションやグループワーク、ワークショップ中心で学べる場を選ぶ**ことです。

このような学びの場はそもそも意欲が高い人が多く集まりますから、社内の研修とは雰囲気からして違います。かつ、企業名や肩書き、年齢に関係なく、フラットに意見をぶつけ合うので、思考力や専門知識などの各自の能力がダイレクトに表現されやすいのです。人を知り、自分を知るには格好の機会なのです。

ビジネススクールはお金がかかるイメージがあるかもしれませんが、専門実践教育訓練給付金（サラリーマンならほぼ誰でも受給資格がある国の支援制度）を活用すれば、意外とコストは抑えられます。大学院によっては、正規入学せずに希望する1科目から履修することも可能です。

何しろ、今は多くの企業で働き方改革が進行中。平日のアフター5に外に学びに出る時間はたっぷりあるはず。この追い風に乗らない手はありません。時間を持て余し、社内の同僚とばかり飲んで「昔は良かった」と郷愁にひたっている場合ではないのです。

●実務と理論を結びつけて学ぶことで強みを強化

初めてビジネススクールの授業に参加した人の中には、ディスカッションのレベルについていけず、愕然とする人も少なくありません。特に、キャリアもあり、社内ではそれなりのポジションに就いているミドルは、ある程度自信を持っているだけにショックも大きいもの。教室では企業名・肩書きの威光は通用しませんから、例えば、**大手企業の50代の部長が、20代後半のベンチャー社員にあっさり論破される**といったことも当たり前に起こります。

だからといって尻込みすることはありません。**そうやってショックを受けることこそが社内ではなかなか得られない貴重な経験**なのです。

「彼らが口にしている用語や概念がさっぱりわからない……」
「ＩＴ業界はここまで進んだ理論を導入してビジネスを展開しているのか……」
「起業を目指す人はここまで精力的に行動しているんだな……」

このような気づきの一つひとつが、社外における自分の位置づけを理解し、自分に不足しているものを自覚することにつながります。

心理的にショックを受けたことは、学びへのモチベーションを高めるという意味ではむしろ良い刺激です。理論や知識、思考のテクニックは学べば習得できるもの。最初はレベルの違いを感じても、継続的に学ぶことで周囲に追いつくことは十分可能です。

対等に議論ができるようになってくれば、業界もキャリアも違うビジネスパーソンたちとの交流の中で、自分にしかない業界知識や業務経験が強みとなり得ることも次第にわかってきます。また、例えば、自分のファシリテーションやプレゼンテーションの技術が社外で十分通用すると気づくことなどもあるでしょう。

もちろん、ビジネススクールやセミナーでの継続的な学びは「⑥**強みを補強する**」にも結びついてきます。例えば、マーケティング分析の実務能力に強みを感じている人が、マーケティング系の科目を履修して最新の理論と手法を体系的に学べば、経験してきたことが学問的に裏付けられ、強みが補強されます。最新の手法を現場で試し、トライ&エラーを繰り返すことにより、使える武器も増えていくはずです。

よく、「ビジネススクールに通ってはみたけど、結局、仕事の面では何の役にも立たなかった」と嘆く人がいますが、このような人たちに共通しているのは、実務と理論を結びつける視点に欠けていること。教室で学んだことがそのまま現場で使えることなどそう多くはありません。学問的な知識だけでは強みにはならないのです。

実務経験豊富なことがミドルの強み。その経験をどう活かすかを意識して、工夫して学べば、短期間でのスキルアップも十分狙えます。

もう一つ、ビジネススクールの効用でお伝えしておきたいのは、肩書きやしがらみ抜きで付き合える社外の友人ができることです。ハードな勉強と研鑽という苦楽を共にした絆は生涯にわたる財産になるでしょう。私も20年以上前にビジネススクールに通いましたが、そのつながりは今も続いており、それぞれが様々な業界・企業の要職に就くようになっているため、公私ともに心強い絆になっています。こうした社外のつながりがいかに第二、第三の職業人生に重要かは、第３章の最後と第４章でも詳しくお伝えします。

【5】「T字型」を意識してスキルを伸ばす

●大企業のベテランはT字のバランスが悪い

「④自己認識・強みの棚卸し」「⑤キャリアプラン・腕試し」「⑥強みを補強する」の一連のステップでのポイントは、自分の能力を「T字型」で捉えることです。

T字の縦棒は専門性、横棒は周辺知識。この両方をバランス良く身につけることが、大企業のミドルにとっては重要なテーマになります。

というのも、大企業でキャリアを重ねてきた人はT字のバランスに偏りが生じやすいからです。ジョブローテーションを繰り返してきたゼネラリストは、Tの横棒は長くても、縦棒は短い（短い縦棒が総花的に複数あっても強みにはなりにくい）。一方、同じ部門で長くキャリアを重ねてきたスペシャリストは、縦棒は長いですが、横棒が極端に短い。なおかつ、大企業では業務が細分化・分業化されていますから、肝心の縦棒ものすごく細くなってしまうのです。

中小企業へ転職することを想定した場合、T字のバランスの悪い人はなかなか通用しません。中小企業が求めるのは、多くの場合、即戦力のスペシャリスト。営業なら営業、経理なら経理の専門性が問われることになります。

ただし、大企業と違って業務は細分化・分業化されていませんから、営業なら、営業の一連のプロセスを全部できることが要求されます。そのため、大企業の営業プロセスの一部だけを担当してきたという人は、スペシャリストとはいえ通用しにくいのです。

ゼネラリストは経験がすべて中途半端にもなりかねず、なおのこと中小企業のニーズにははまりません。

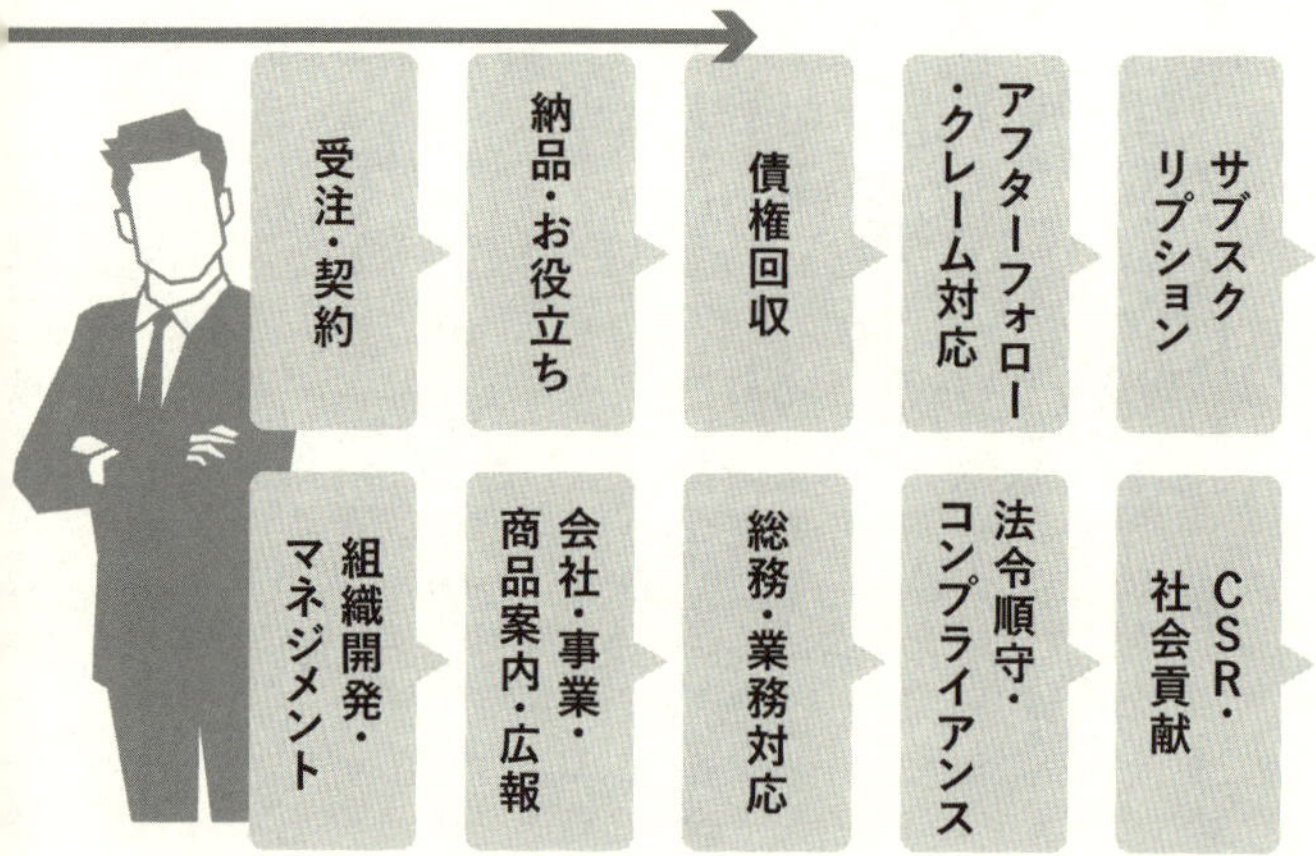

つまり、ゼネラリストは縦棒（専門性）の強化が、スペシャリストは横棒（周辺知識）を広げつつ、縦棒を太くすることがテーマになります。

●起業するなら経営全般の幅広い知識が必要になる

起業する場合は、縦棒の長さももちろん必要ですが、横棒の幅広さが極めて重要になります。上の図を見てください。一般的な会社の事業活動全般の流れを整理したもので、上段は「お役立ち活動」（私たちＦｅｅｌＷｏｒｋｓは「事業・サービス」のことを「お役立ち」と呼ん

自分の強み・補強したい経験を知る

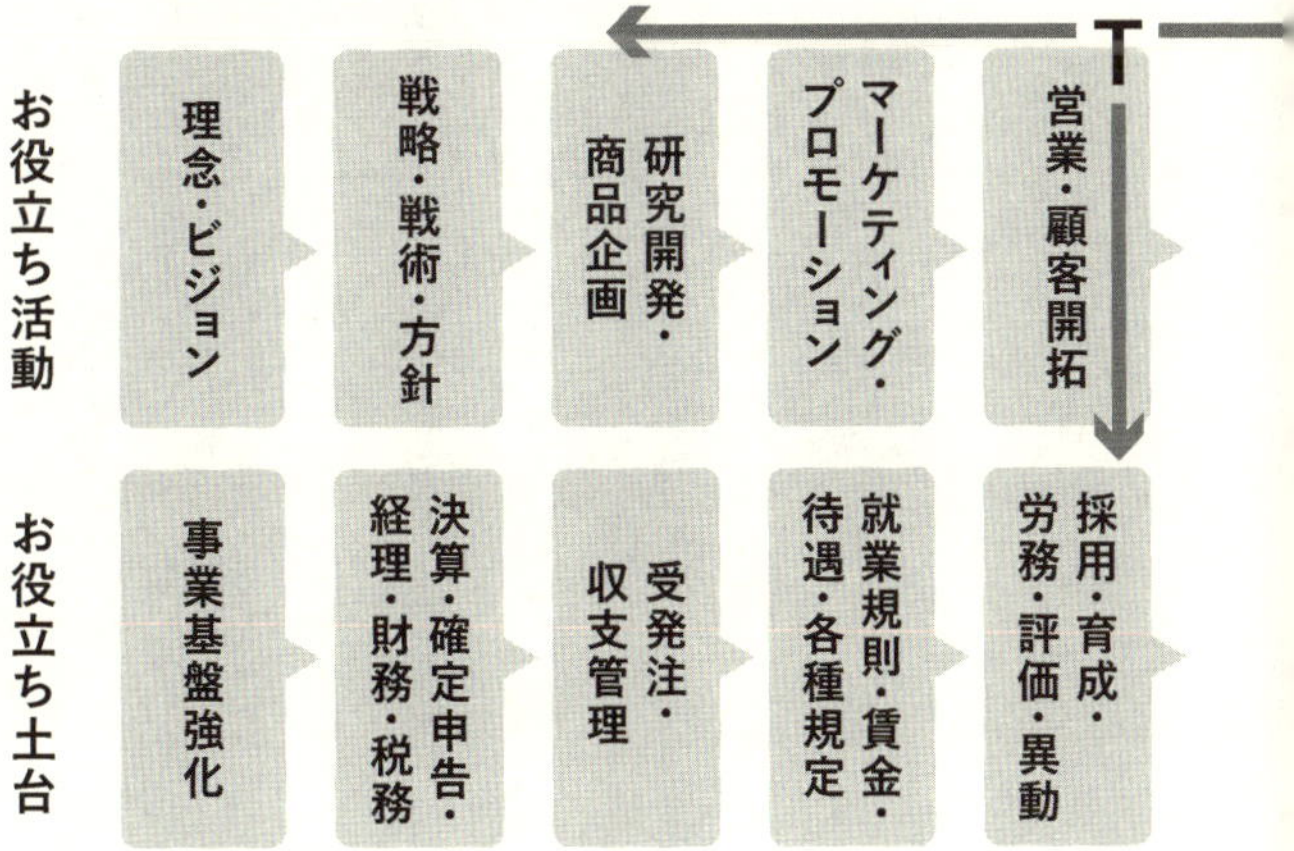

でいます）、下段は「お役立ち土台」のプロセスです。

「お役立ち活動」は、会社の理念・ビジョンに基づいて戦略・戦術・方針を策定し、研究開発や商品企画を経て商品・サービスを作り上げ、マーケティングやプロモーションを通して顧客を開拓、受注・契約したら、納品・お役立ち、債権回収、アフターフォローと展開し、サブスクリプション（定額課金の契約）につなげていくという流れで進められます。

一方、上の活動を支える「お役立ち土台」は、事業基盤強化、決算・確定申告・経理・財務・税務、受発注・収支管理、就業規則・賃金・待遇・各種規定の策定、採用・育成・労務・評価・異動などの人事、組織開発・マネジメント、広報活動、総務・業務対応、コンプライアンスなどの法務、CSR活動といったプロセスに分解できます。

このように一連の項目を並べてみると、事業や経営がいかに多岐にわたる業務から成り立っているかがわかります。**大企業ではこれらの一つひとつに担当する部門やチームがありますが、個人で会社を立ち上げた場合は、すべてを一人でやることになります。**外注先や税理士などの専門家に依頼する業務もあるにせよ、経営者が何もわかっていなければ、依頼もできません。

要するに、大企業で経験してきた業務知識だけではとても通用しないということです。もちろん起業してから手痛い経験をして学ぶことも多いのですが、若手起業家ならまだしも、ミドルがすべて行き当たりばったりでは目も当てられません。辞める前に転ばぬ先の杖として幅広い知識や経験を習得しておくに越したことはないのです。

●「はみ出せ」をキーワードに他部門に関わっていく

では、Ｔ字の縦棒の強化、つまり専門性強化のためには日々の業務の中でどのようなアプローチをすればいいのでしょうか。

縦棒が細くなってしまう要因は、自分が与えられた仕事にのみ集中して部門内の他チーム・メンバーの仕事にあまり関心を持っていない、関わろうとしないことにあります。このような人は自分の役割はきっちり果たしているので、社内的にはそれなりに評価されます。しかし、会社の指示・命令の範囲を超えて、もっとはみ出して働いたほうが、個人のスキルアップやキャリア形成という観点から考えるとプラスなのです。

ですから、**同じ部門の他チーム・メンバーと積極的にコミュニケーションをとり、お互いにサポートし合うような関係作りを実践してみましょう。**

他チームが、今どのような最新の手法を導入しているか、どのような課題を抱えているか、自分たちのチームに対して何か要望があるかなどを幅広くヒアリングすれば、多くの情報が得られるはずです。チーム間で協力し合えることも見つかるでしょうから、部門全体の生産性向上にも貢献でき、社内評価も上がります。

次に、T字の横棒、周辺知識を拡大するためにはどのようなアプローチがあるかを考えてみましょう。

この場合も「はみ出せ」がキーワード。大企業の恵まれた環境をフル活用して、社内の他部門の業務や人に積極的に関わっていくことがポイントです。

都合の良いことに、最近は社内兼業、社内インターンシップなどの制度を導入する企業が増えてきています。社内兼業は二つの部門に在籍して働くことが可能な制度。社内インターンシップは、数日間などの単位で希望する他部門の仕事を体験できる制度です。制度があるなら積極的に活用しない手はありません。

また、制度はなくても他部門の業務に関わっていくことはできないわけではありません。煙たがられることもあるでしょうが、**頼み込んで他部門の会議に参加させてもらう**といったことも実際にやっている人はいます。

こんなエピソードがあります。あるＩＴ企業で、画期的な商品を開発しても最終段階でコンプライアンスに引っかかり、ＮＧになるということが続きました。商品開発部と法務部のコンプライアンス担当の関係は険悪になり、なんとかしようと考えたコンプライアンスの担当者が商品開発部の企画会議に参加することを申し出ました。コンプライアンス担当者は、会議に参加することで、商品開発のプロセスやその大変さを理解。次第に、早い段階でコンプライアンスに抵触する可能性や、それを回避する方法などを会議で提案するようになって、商品開発部の生産性向上に貢献したのです。

ちなみに、このコンプライアンス担当はベテランながら長年昇格できずにいましたが、この「はみ出せ」を実践した働きが評価され、管理職にも抜擢されました。

もちろんここまでうまくいく例はそれほど多くはないでしょうが、たとえ煙たがられたとしても、トライする価値があることはおわかりいただけたのではないでしょうか。

もっと極端な方法としては、例えば、「営業経験が不足している他部門（例えば経理など）の人が、**有給休暇を使って、知り合いの営業担当者に頼み込んでこっそり営業同行させてもらう**」といったゲリラ作戦もありではないかと個人的には思います。

このほかにもやり方はいろいろとあります。ダイバーシティ推進プロジェクトなど、部門横断型のプロジェクトに手を挙げるのも有効です。幅広く他部門の業務についてヒアリングする機会も増えますし、他部門の担当者とのネットワークも広がります。

また、部門間のコミュニケーションが不足している場合には、橋渡し役を買って出るという手もあります。キャリアのあるミドルは適任のはずです。

【6】会議運営など当たり前の習慣が意外と強みになる

●スタートアップなどでニーズがある大企業出身者

「**④自己認識・強みの棚卸し**」のステップでは、ついついアピール材料になりやすい目立つスキルにばかりこだわってしまいがちです。例えば、営業担当者なら交渉力やプレゼンテーション力、海外部門経験者なら語学力や異文化理解力といったスキルは、確かに強みとしてわかりやすいですよね。

しかし、**大企業では誰もが当たり前にやっている地味な日常業務が、場所を変えれば意**

外な価値を持つ場合があります。

若手が集まってできたばかりのスタートアップ、あるいは急成長中のサービス企業など、組織体としてまだまだ制度が整っていない企業の場合、会議の進め方もよくわからなければ、部下マネジメントの手法もよくわかっていないということが珍しくありません。ここに大企業の管理職経験者のニーズがあるというわけです。

大企業の管理職経験者なら、基本的な会議の進行の仕方、日報・週報の効果的な活用方法や、組織マネジメントの基本的手法などは日々当たり前に実践していることですし、研修なども受けています。

また、大企業はこういった日常業務に関しても、常に時代にマッチした効率的な手法を導入しているものです。若手でも活発に意見が言えるファシリテーションの手法や、日報・週報が形骸化しないようにするためのポイントなどもみんなわかっています。

しかも一人の管理職が一通りのことを理解しているわけですから、前出のような成長途上の企業にとっては非常に価値が大きいのです。

ただし、それらが価値を持つのも正しい手法で繰り返し実践してきたからこそ。また、一つひとつの業務に関して「なぜそうするのか」ということもきちんと理解できていないと転職先でうまく応用ができません。

ですから、これらの**日常業務をなんとなく惰性でこなしている人は、ぜひ見直しを。真面目に取り組むことであなたの強みが一つ増えるのです。**

【7】複業にチャレンジして経験値の幅を広げる

●メガバンクなど大企業にも拡大する副業解禁の流れ

「**⑤キャリアプラン・腕試し**」のステップに入ったら、副業にチャレンジするのも有効です。自分の強みを磨き、市場価値を高めながら、第二、第三の職業人生をどうするかという現実的なキャリアプランを構想したとき、「このプランを実現するにはもっと経験値の幅を広げておかなければ」と感じることもあるはずです。そこで、今の会社に在籍しながら、もう一つ新しい職場で仕事をする複業経験は大きなプラスになります。

ちなみに「副業」ではなく「複業」とは、プロフェッショナルとして、異なる複数の仕事を持ち、それぞれの仕事で市場価値を発揮し、評価を受け、相応の対価を稼ぐことを指します。いわゆるお小遣い稼ぎ、サイドビジネス的なニュアンスのある「副業」とは別物と考えてください（文中では、企業動向などの説明には一般用語としての「副業」を使用します）。

政府が副業・兼業を原則として認める方向性を打ち出したのが2017年。今や「社員の成長やモチベーション向上につながる」「社員のセカンドキャリアの形成に資する」などの理由から、大企業でも副業の解禁が進んでいます。メガバンクでも解禁が始まるなど、今後もこの動きは拡大していくと見られています。

この流れは自律型人材を目指すミドルにとっては歓迎すべきもの。自社が副業を解禁しているなら積極的に活用し、複業にチャレンジしましょう。

そのときにポイントになるのが、どのような仕事を選ぶかです。今と同じ業種・職種では苦労は少ないでしょうが広がりもありません。複業経験を第二、第三の職業人生につなげていくためには、自分のキャリアプランに関連する仕事であること、今とは違う領域の仕事であること、磨いてきた強みが活かせる仕事であることなどが条件となります。

「複業家」としてメディアにも多数取り上げられているサイボウズの中村龍太さんは、サイボウズに所属しながら、野菜の生産・販売を行う会社でも働き、その成果としてIT×農業のイノベーションを実現しました。

複数の仕事に携わることによってビジネスの面でも相乗効果が生まれ、本人のキャリアの可能性も広がったこの中村さんのような働き方は、これからの複業の一つの理想形だと私は考えます。

リクルートワークス研究所「全国就業実態パネル調査～日本の働き方を考える2018」によると、副業をしていない層より副業をしている層のほうが、仕事を通じた成長実感を持つ割合は5・3％も高くなっています。また副業の目的として「生計を維持するため」とした層で成長実感を持つのは29・5％にとどまるのに対して、「社会貢献したいため」は48・0％、「新しい知識や経験を得るため」は47・9％、「様々な分野の人とつながり、人脈を広げるため」は45・０％と成長実感が非常に高くなっています。

こうして考えを深めていくと、お小遣い稼ぎや副収入を目的とした「副業」ではなく、様々な会社や仕事を兼業する「複業」でもなく、**自分の強みを必要とされる場が多数あって働きがい、さらには幸福を感じられる「福業」を目指す**ことがミドル・シニアには必要なのだとも思います。

ちなみに、私が営むＦｅｅｌＷｏｒｋｓも副業はＯＫにしており、仲間たちには単なる小遣い稼ぎではなく、自分の強みが活かせてキャリア形成につながる福業ならどんどんやりなさい、と話しています。大切な仲間たちに福業で働いてほしいと願うからです。

そのため、勤務時間も１日７時間×勤務日数分の月内時間を自己裁量でやりくりできるスーパーフレックス制も導入し、複数の企業で働いたり、会社経営する社員もいます。月３日まで在宅勤務もＯＫです。ただし、自由と責任はセットですから、それぞれの担う役割や成果には必ずコミットしてもらうようにしています。

●フリーランスとして複業を始める道もある

50歳を超えていることを考えると、収入を伴う副業の選択肢は現実にそれほど多くはありません。ですから、ここはお金にはこだわらず、自分のキャリアプランに沿って経験値を広げることを重視して、仕事を探したほうがいいでしょう。

例えば、ＮＰＯ法人や介護・福祉、農業などの人材が足りていない分野であれば、報酬は決して高くはありませんが、ミドルでもニーズがあります。

また、副業の定義からは外れますが、知人の会社などで無償で働かせてもらうという選択肢もあると思います。この場合は丁稚奉公のイメージですね。本業で一定の収入がキープできていれば、これも可能なはずです。

ドワンゴやカドカワなどの社長を務めた川上量生さんが、スタジオジブリの鈴木敏夫さんに弟子入りされたことがありましたが、これも収入というより、キャリア形成のために学びたかったからだと思います。

その時点である程度個人でやれる自信がついていれば、トライアルでフリーランスとして働くことを考えてもよいでしょう。

フリーで仕事をする場合に重要なのは、どんなに安くても報酬をいただくこと。前述の丁稚奉公のパターンとは違って、会社の看板を外して一人のプロフェッショナルとして仕事を請け負うわけですから、フリーは、安くても報酬をいただくことに意味があります。

依頼するほうも無償だったり安ければそれだけの期待値しかないため、アウトプットに対して厳しい評価やフィードバックはしないものです。「タダなら仕方ないか」「まぁ安かったしこんなものかな」という具合ですね。だから無償で働いてしまうと、プロフェッショナルとして仕事をする緊張感がなくなってしまうのです。これでは次につながりません。

最初は１件５００円でもいいのです。そして、実績を積みながら徐々に料金を上げていく。そのときに**大切なのは、依頼があったときには「なぜ自分に発注したのですか」と聞くこと**です。私も独立当初は必ず聞いていました。

すると、「あなたはこの分野に詳しいから」「学者の理論の解説ではなく、現場で経験のある人の話を聞きたかった」といった答えがお客様から返ってきます。そういった評価がプロフェッショナルとしての自分の強みを知り、市場価値を測る目安になります。それに従って料金を上げていくのです。自分の価値を知り、相応の対価を要求することもプロフェッショナルの仕事の一つです。

さらに、フリーの場合は、仕事を選ぶことも大切です。依頼があれば何でも受けるというやり方をしていると、次第にただの便利屋みたいな存在になりかねません。自分のキャリアビジョンにつながる仕事なら受ける、つながらないならいくら報酬が高くても受けないというプライドを大事にしてください。

●働く場が複数あることは精神的なセーフティーネットになる

福業は、ミドルにとって新たなターニングポイントにもなり得ます。組織の外に出て、多様な人や新たな仕事と出会う中で、自分自身で気づかなかった自分の強みや持ち味が見え、また新たな関心が生まれる可能性があるからです。今後のキャリアプランを描き直すきっかけを得ることもできるのです。

再びサイボウズの事例を紹介しましょう。社長の青野慶久さんと対談させていただいた際に伺ったエピソードです。大手銀行からサイボウズに転職してきた50代のベテラン社員・松村克彦さんの事例です。

彼は大変優秀で指示された仕事は完璧にこなします。しかし、大企業での働き方が染みついていて、上から与えられた役割や仕事の指示がないと何をしていいかわからない。そこで、青野社長は一度会社を離れ、複業をするよう提案しました。松村さんは自分が会社に必要がないと宣告されたと勘違いし、ひどく落ち込みます。

しかし、社長命令なので、なんとか自分のやりたいこと、やれる仕事は何かを一生懸命内省し、見つける努力をしました。その結果、社会的マイノリティーを支援する非営利活動の支援にやりがいを見出し、生き生きと働くようになった。その分野での有名人にまで成長でき、やがて会社に還元されることも視野に入ってきた、とのことです。

青野社長は、これを「カッパ（組織という虚構）の呪縛からの解放」と表現されています（詳しくは、私が営むＦｅｅｌＷｏｒｋｓが運営するサイト「人材育成ジャーナル」に対談記事が掲載されていますので、ご覧ください)。

やりがいと手応えが感じられる福業は、結果として、ミドルに二つのセーフティーネットをもたらします。一つは、経済的なセーフティーネット。お金が第一ではないとはいえ、複数の収入源が得られることは安心につながります。一つの職場で収入減や失職の恐れがあってもほかで補うことができれば、経済的不安が軽減されるからです。

もう一つは、精神的なセーフティーネット。一つの職場にしか所属していないと、その職場の上司の評価や同僚との人間関係に一喜一憂することになります。自己効力感を感じにくくなることもあるでしょう。しかし、複数の仕事があれば、一つの職場で業績や評価が不調でも、ほかで評価される可能性もあり、気持ちを楽に保てます。また、一社に依存していないため、心を病むほど苦しむくらいなら、離職の選択もしやすいのです。

このように副業のメリットを考えていくと、やはりミドルにとっては、幸福をつかむための「福業」と表現すべきですね。

【8】独立後の予行演習！　上司を顧客と見なして働く

●上司との人間関係構築もビジネスと考える

第1章で、上司が自分を正当に評価してくれないという理由で辞めてはいけないと指摘しました。甘くなりがちな自己評価よりも、上司による客観的評価のほうが信頼度は高いもの。不当に思えても、受け入れる努力をすることが大切だと。

そうは言っても、ひたすら我慢してストレスを溜め込む一方では心が折れてしまいます。では、どうしたらいいのか――。

キャリアを積んだミドルにふさわしい方法があります。自分が起業してお客様企業に常駐していると想定するのです。**あなたは経営者兼営業マンでサービスの提供者でもあり、上司は顧客。そのように頭を切り替えて、上司（顧客）の満足度を高める工夫をしてみましょう。**

社内の人間関係構築も一つのビジネス。そう考えれば、上司に対して一方的に抱いていた不満も次第に解消されていきます。

顧客からクレームが来ているのに、同じ商品やサービスを提供し続ける会社の業績が上がるわけがありません。クレームの内容を検討して商品やサービス自体を見直す必要があるはずです。

「あのお客さんとは性格が合わないから、もう売りたくない」などと言っているようでは営業マン失格です。相手を好きになる努力を怠らず、性格に合わせたコミュニケーションをすることこそが営業マンの腕の見せ所でしょう。

顧客が商品の良さを理解していないなら、必要なのは「わかってくれない」というぼやきではなく、商品の良さを理解させるプレゼンテーションのはずです。

上司が評価してくれないなら、評価してもらえるようなアプローチを自分がすればいいのです。顧客である上司に自分を売り込み、認めさせるにはどうしたらいいか。そう考えることができれば、打つ手はいくらでもあります。

ここで、【5】で提案した経営全般に関する幅広い知識などが役立ってきます。事業展開を考えるように、上司（顧客）のニーズをリサーチし、どのようにアプローチするかしっかりと戦略を立て、ニーズに合わせて商品（自分のパフォーマンス）を見直し、改善した商品がどのように上司の課題を解決できるかをプレゼンテーションする――。

つまり、上司を顧客と見なして働くことは、単なる処世術ではなく、「**⑥強みを補強する**」ことにもつながるのです。本当に起業を考えている人なら、独立後に備えた格好の予行演習になるはずです。

●年の功を活かして上司とチームの橋渡し役になる

もちろん正攻法で成果をあげることも大切ですが、それでもダメなら搦手《からめて》から攻めるのもありです。上司がゴマをする部下ばかりを重用するのであれば、ゴマをすればいいのです。それによって、やりたい仕事ができ働きがいを感じられるなら、なんてことはありません。キャリアを重ねたミドルならその程度の老獪《ろうかい》さはあってしかるべきでしょう。

部下に理不尽な要求をしてくる上司に対しても、「上司も上に無理を言われて苦労しているのだろう」と理解するスタンスで接すれば、年の功を活かし、上司とチームとの間に立って相談に乗る役割を担うことができるかもしれません。上司(顧客)を研究すればするほど、作戦の数は増えていきます。

そして、どんなに気に入らない上司であろうが、自分に対する評価の言葉は謙虚に受け止め、自分を振り返る材料にすること。これも顧客からのクレームと考えればいいのです。理不尽に思えるクレームにも一抹の真理はあるものです。すべては、自分に対するありがたいフィードバックです。素直に耳を傾け、自分自身の改善に活かしたほうが、どう考えてもプラスです。

また、逆に捉えれば、どんなに批判的な評価であろうと数あるクレームの一つと考えれば気が楽になります。たかだか一つのクレームに人の全人格や全存在を否定する力はありません。「そういう見方もあるのか。参考にしよう」と客観的に冷静に受け止めればいいのです。

実際に独立・起業すれば、難しいタイプの顧客との関係構築に苦労する局面も必ず訪れます。自律型人材を目指すあなたにとって、**合わない上司がいることは、さらに自分を磨くためのチャンス**とも言えるのです。

【9】ギブ＆ギブの精神で社内外の人とのつながりを大切にする

●「友だち」と呼べる関係にこそ価値がある

第3章では、キャリア自律を目指すための様々な取り組みを紹介してきましたが、その過程では、様々な人との多様な出会いがあり、社内外に今まではなかった人とのつながりが広がります。このようなご縁も第二、第三の職業人生に向かうあなたにとっては財産となります。

これらの新たに出会った人たちも、学生時代の友だちなど古い付き合いの人たちも含めた〝人とのつながり〟を、ぜひ大切にしてください。

アメリカの社会学者マーク・グラノヴェッターは、ホワイトカラーの人たちが今の仕事に就けた理由を分析したところ、家族や今の職場の同僚など強いつながりのある人経由（ストロングタイズ）ではなく、つながりの薄い人経由で情報を得て転身していることを発見、これを「ウィークタイズの強み」と名づけました。だから薄くなりつつあるつながりを見直すべきなのです。

ただし、人のつながりをメンテナンスし直すときに注意しなくてはいけないのは、決して人間関係を損得勘定で考えないことです。メリットがありそうだから付き合う、何のメリットもなさそうだから付き合わないという人には、同じようにメリットを求める人しか近づいてきません。

大企業に勤めるあなたにメリットを感じているだけの人は、その看板がなくなれば当然ながら離れていってしまうのです。

私自身の経験を振り返っても、大企業の看板が外れた私が本当に困っていたときに助けてくれたのは、すべてプライベートでも親しくしている友だち、先輩・後輩たちでした。サラリーマン時代に仕事関係の人脈は広いつもりでしたが、結局は、損得勘定抜きで付き合っていた仲間だけが、自分には何の得もないのに手を差し伸べてくれたのです。つまり、**名刺交換してきた人脈ではなく、名刺でつながってこなかったご縁こそがあなたの支えになってくれる**のです。

起業をしたら人脈が大切になると考え、異業種交流会に参加して名刺を何枚も集めたところで、まったく意味はありません。

また、ギブ&テイクの発想で築いた仕事関係の人脈は、あなたにギブできる力があるときには役立つでしょうが、本当に苦しいときには頼りにはなりません。

調子の良いときも悪いときも長く続く人間関係というのは、お互いに見返りを求めないギブ&ギブの精神でつながっているものです。それはつまり友だちです。

50歳を超えて転職を考えると表に出る求人の数は目に見えて減りますし、求人の内容も限られてきます。では、**50歳以上のミドル・シニアはどのように満足できる転職や再就職**

をしているかというと、親しい友人が経営・勤務する会社に縁故で採用されているケースが多いのです。最近はＳＮＳの浸透でリファラル採用という縁故採用が20～30代で盛んになっていますが、ミドルこそ縁故採用を活用すべきです。

人生の後半戦は、仕事、プライベートを変に区分けすることなく、今までにつながってきた人たちとの間に友だちとしての人間関係を丁寧に築いていきましょう。そんな友だちが何人もいることが、あなたの第二、第三の職業人生を豊かなものにするのです。

リストラの嵐に揉まれながらも未経験の業務に挑戦し、経営参謀のキャリアへ！

――元部品メーカー管理職　大森宏一さん（仮名・55歳）

●リストラでライバル企業に転籍。苦難のキャリアが始まる

平成不況期は、多くの大企業が大胆なリストラを進めてきました。現在のミドル層には、そんな荒波の中で入社当初は想定していなかったような苦難を味わった人も少なくありません。事業部門ごと他社に買収される、リストラされた側の自分が今度はかつての先輩や部下に早期退職勧奨をする役割を担わされる……。そんな苛酷な環境を生き抜いてきた一人が、元部品メーカー社員の大森宏一さん（仮名）です。

最初に入社したのは大手メーカーA社。大森さんが所属していた事業部は、2000年代に会社全体の業績不振から資金捻出のためにライバルの部品メーカーB社に売却されることになりました。

「この売却はショックでしたね。40代でちょうどマーケティング部門の事業企画課長になったばかりの頃で、不安も大きかったです。ほかの事業部に異動願を出してA社に残るという選択肢もありました。しかし、仲間たちと作りあげてきた事業ですから思い入れがあります。何より、私には部下がいました。多くの部下が『大森さんが行くんだったらB社へ行きます』と言ってくれて、私のチームはみんなで移ることに決めたんです」

しかし、売却後も苦難は続きます。外様である大森さんたちは、B社内で居場所を確保することも難しい状況に追い詰められていったのです。

「メーカーが事業部を買収する場合、ほしいのは特許とエンジニアと製造工場。営業やマーケティング、事業企画といった間接部門の事務系職種はすでにB社に人が揃っているわけですから、私たちは本来必要ないんです。全員引き受けないと買収できないから引き受けたというだけですからね。このまま手をこまねいていれば、B社で生き残っていくことも当然難しい。どうやって今後のキャリアを切り拓いていくかについては、真剣に考えました。そんなとき、当時B社内で急成長していた新規事業部門で事業企画の担当者を公募していたので、自ら手を挙げました。どうなるかはわからなかったですが、とにかく働き場を見つけなければいけないので、このチャンスに懸けてみようと思ったんです」

●自ら手を挙げ、混乱する事業部のモチベーションアップに取り組む

ところが、大森さんが新規事業部門で任されたのは、経験してきた事業企画のみならず、バラバラだった組織をまとめ全体のモチベーションを高めることでした。なにしろ成長が急ピッチすぎて現場は混乱気味。寄せ集められたメンバーは全員が疲弊していました。

当時の大森さんにはマーケティングや事業企画の実績はあっても、組織のモチベー

ションアップに関しては経験もノウハウもありません。しかし、大森さんは果敢に与えられた課題に取り組みます。

「まず何をやったらいいのかわかりませんから、とにかく自分で勉強しましたね。本を読んだり、セミナーに通ったりしました。あとはもうトライ＆エラーです。例えば、会議の進め方にしても、今までは上意下達で進めていたものをもっと活発に下からも発言できるような仕組みにしました。自分で企画して研修プログラムも作りました。

また、エンジニアというのは、自分たちの仕事が会社の収益にどれだけ貢献しているかにあまり関心を持たない傾向があるので、これは良くないと感じました。だから、会議の場でちゃんとそういうこともわかりやすく伝えていこうと工夫もしましたね。そのほか、全体会議が終わった後は、予算がない中なので缶ビールだけ用意して打ち上げをしたり。とにかく必死でやれることはなんでもやりました。結果、業績成果をあげていくには、事業計画だけではダメで、人や組織の気持ちを動かしたりチームビルディングなど泥臭いことも大切なんだと学びました」

こうしてB社への転籍後、未経験の業務にチャレンジし、努力と工夫を重ねていった結果、新規事業部門の雰囲気は非常に良くなっていきました。このとき、大森さんは今まで以上の大きな働きがいを感じることになります。B社の中で生きていくための必死の選択が、今後の自分にとって核となる経験にもなっていったのです。

「やはり自分にとって大切なのは仲間や部下。自分の取り組みが功を奏して、部門のモチベーションが高まっていくのを目の当たりにしたときは大きな喜びを感じました。働く仲間たちのモチベーションが上がると、新規事業部門としての収益もさらに伸びていきました」

そして軒並み不振だったほかの事業部を横目に、この新規事業部門は破竹の勢いで伸びB社内でトップの営業利益を叩きだすほどの稼ぎ頭になっていきました。苦しい中でも結果を出し続けてきた大森さんは、事業統括部長にまで昇進。外様のA社からの転籍組の中では異例の出世を果たしたのです。

●今度はリストラをする側に。「自分だけ残るわけにはいかない」と自らも退職

しかし、大森さんはここでも大きな壁にぶつかります。グローバル競争が熾烈化する中で、日本のメーカーは軒並み苦境に立たされていましたが、Ｂ社も同じ。いかに新規事業部門が収益を稼いでも、本丸の既存事業の業績が大幅に悪化し続けており、それを補填するには到底及ばなかったのです。そして、Ｂ社の経営陣は膨らんだ借金返済のため、業績の良かった虎の子の新規事業部門の売却に動きます。さらに辛いことに、この交渉をまとめるのも、新規事業部門を育てた立役者である大森さんの仕事でした。

「みんなで頑張って、結果も出して、それでも、というか、だからこそ売却の対象になってしまったので、納得できない思いは強かったですね……。全員が売却先企業に移ることはできませんから、退職勧奨も行わなければなりません。これが一番辛かったです。実際の面接では、相手の方と男泣きしたこともありました。苦楽を共にして

きた仲間ですから。申し訳ない、こんなはずではなかったと……」

このリストラの際、大森さんは自らの名前を退職者リストの最後に加えて会社を辞めることを決意します。

「リストラが完了したことを担当役員に報告する際、リスト提出とともに辞意を伝えました。『大森くん、君は辞めなくてもいいだろう』と引き留められたのですが、苦渋にまみれて辞めていった現場の仲間たちのことを思えば自分だけ残るわけにはいきません。窮地に陥ると、人間は本性が出ます。保身に走る上層部の人間模様も間近に見て、心の中の糸も切れてしまったんです」

●経験の幅を拡げたことで、経営参謀という第二のキャリアが見えてきた

さすがに、この退職はやむを得ない選択だったと言えるでしょう。心身ともに疲れ果てて、しばらく休息したい気持ちもあったそうですが、晩婚だったこともあり、50歳を過ぎた当時でお子さんはまだ中学生になったばかり。働かないわけにはいきませ

ん。しかし、早期退職勧奨した仲間たちの転職支援に奔走していたため、自分の次の仕事についてはまったく白紙。しかも、就職した30年前は終身雇用を信じ滅私奉公してきたわけですから、転職活動もまったく初めてです。

自分なりにいくつかの転職エージェントに登録し、書類を出して選考を受けるもなかなか決まりません。でもそんな中、ご縁があって、オーナー経営者が辣腕を振るう中小メーカーに職を得ました。

「大手企業時代と比べると、給料は大幅に下がりました。現実を知り、今までがいかに恵まれていたかを痛感しました。社内の設備や仕組みも整っていない部分もあります。でも、これまでオーナー経営者が孤軍奮闘してきた苦労話を聞くと、参謀役としてお役に立ちたいという気持ちが高まったんです。ここで感じたのは、前職時代に事業企画やマーケティングとともに組織モチベーションを上げる仕組み作りまで一気通貫して経験してきて良かったということ。事業計画しか作れません、研修しか企画できません、というのでは、人生かけて会社全体に目を配らせる中小企業経営者の相談相手にはなれないですし、広範にわたる経営参謀の役割は務まりませんから」

大森さんのケースは企業同士のM＆Aや再編の荒波に揉まれる中で、B社に転籍して居場所を失いかけたときに、そこで辞めてしまわずに新たなポジションに手を挙げた経験が現在のキャリアにつながった、と言えるのではないでしょうか。第3章でお話ししたように、事業企画のみといった大企業のベテランが陥りがちなスキルのT字型バランスが悪いところを矯正し、横棒を拡げられたというわけです。

現在の大森さんは、中小企業で経営参謀役を務めながら、定年後は経営コンサルタントとしての独立を計画中です。

「ただ、独立して仕事をするとなると、まだまだ自分が現場で身につけてきた専門性だけでは足りないことを痛感します。ゼネラリストが強いのは大企業という環境があればこそだったんですね。自分の力でこれからのキャリアを切り拓いていくために、会社にいる間にもっとできることはあると感じます」

逃げずにタフに仕事に取り組んできた経験は、今後の大森さんにとって、間違いなく糧になっています。激動の平成を生き抜いてきたミドル世代の強さは、第二、第三の職業人生でこそ発揮されるのかもしれません。

第4章

50歳からの働き方を変える「7つの質問」

——筆者・前川孝雄の七転八倒体験から人生後半戦の働き方を考える

●今、必要なのは自分に問うこと

ミドルのあなたが、環境の変化などからキャリアの転機を迎えようとしていることを感じていたとしても、安易に会社を辞めてはいけない——。本書では繰り返しこのメッセージをお伝えしてきました。

50歳からの人生後半戦を構想するにあたり、後悔のない選択をするためには、自分との対話を重ね、改めて自分という人間を知ることが大切です。

振り返れば、現場で日々慌ただしく働き続けてきた毎日には、ゆっくりと自分と向き合う時間もなかったはずです。しかし、時代的にも年齢的にも、もう自分自身でキャリアについて考えることなく、会社が敷いてくれたレールの上を歩むだけで職業人生が拓けていくことはありません。定年後を考えればなおのことです。**これからは、あなた自身があなたのキャリアのオーナー**となります。だからこそ、今、必要なのは自分に問うことです。

第4章では、自らに問いかけてほしい7つの質問を用意しました。この質問は第3章で

キャリア自律に向けて自問自答したい7つの質問

さらに深く内省するために
「ミッション・ビジョンを考える
『ぐるぐる質問』」へ

キャリアビジョン構築

Q❶ 自分の人生があと1年だとしたら、何をやりたいですか？

マインドセット

Q❷ なぜ、その「やりたいこと」に挑戦しないのですか？

Q❸ やりたいことができない本当の理由は何ですか？

相場観・市場理解

Q❹ 名刺がなくても付き合える社外の知人は何人いますか？

自己認識・強みの棚卸し

Q❺ 会社の外でも通用する「自分の強み」は何ですか？

キャリアプラン・腕試し

Q❻ その強みを磨き、不動のものにするためには何が必要ですか？

強みを補強する

Q❼ 今のうちに何から始めますか？

お伝えした「自律型人材になるための6つのステップ」と連動しています。

いずれも私自身が、会社任せではなく自分自身でキャリアを創ろうと考え、結果として起業に至った転機の前後に自分に問うた項目です。それぞれの質問に当時の私がどのように向き合い、どのように自分なりの答えを導き出したか。一人の大手企業ミドルのケーススタディと捉え、これから自分との対話に臨むあなたにとってヒントになれば幸いです。

また、私は自分なりに周到な準備をしてきたつもりでしたが、それでもたくさんの失敗をし続けてきました。一見すると、順調に来たと思われるかもしれませんが、とんでもない。七転八倒です。そんな私と同じ轍《てつ》を踏まないよう、お役に立てれば本望でもあります。

もちろん、最も大切なのは、あなた自身がこれらの問いに真摯に向き合うことです。その助けとなるようワークシートも用意しました。ワークシートはＦｅｅｌＷｏｒｋｓのホームページから申し込んでいただければ差し上げますので（２９３ページ参照・２０２０年末まで）、プリントアウトして、自分で考えたことを記入しながら第4章を読み進めてください。7つの質問にすべて回答し終えたとき、あなたは本当の自分に気づくことができ、キャリア観、人生観も今までとは大きく変わっているはずです。

Q１　自分の人生があと１年だとしたら、何をやりたいですか？

●やりたいことにシビアに優先順位をつける

この問いのポイントは「1年」という締め切りが設けられていることです。

「仕事でも趣味でも構わないので、いつかやりたいことを挙げてください」と聞かれたら、誰でもきっといろいろなことが思い浮かぶと思います。

「家族と南の島でのんびり過ごしたい」「本を1冊書きたい」「友人とゴルフ三昧で過ごしたい」「生涯自慢できるような大きなプロジェクトを手掛けたい」「貧困に苦しむ子どもた

ちを支援する活動をしたい」……etc.

しかし、人生があと1年しかないとなると、思い浮かんだことをすべてやることはできません。そのための準備期間も含めれば、できることは一つ、二つに限られてくるのではないでしょうか。

つまり、**1年という締め切りを突きつけられたとき、私たちはやりたいことにシビアに優先順位をつける必要に迫られる**のです。

「南の島でのんびり過ごすのは魅力的だが、それはほかのすべてのやりたいことを投げ打ってでもやるべきことだろうか……」「困窮する子どもの支援には興味があるが、寄付以外に、自分でなくてはできないことがあるだろうか……」

そのように、やりたいことの優先順位を意識しながら整理していくと、やらなくてもいいことは排除され、限られた自分の人生の時間をどう使うべきかが明確になっていきます。それがあなたにとっての使命（ミッション）である可能性が高いのです。

とはいえ、いま担当している仕事もあれば、家族を守る責任もあり、本当にやりたいことを絞り込むことは簡単なことではありません。人生を使って本当にやりたいことがなかなか思い浮かばないという人は、第3章で紹介した「ミッション・ビジョンを考える『ぐるぐる質問』」を活用してさらに深く考えを巡らせてみてください。

「いつかやりたい」と思っていることは、結局いつまで経っても実現されることはありません。**「10年後にやろう」と考える人は、10年経ったらまた「10年後にやろう」と先延ばしを続ける**でしょう。

人生の時間は有限です。1年は短かすぎる期限かもしれませんが、締め切りを意識することが大切なのです。期限を明確に感じて「先送りにしてはいられない。今できることから始めなければ」という強いモチベーションが生まれたとき、あなたの第二、第三の職業人生に向けた第一歩が踏み出されるのです。

●20代から起業を志してはいたが、何をやるかは不明確だった

私自身は起業したいという思いを、20代から抱いていました。私が働いていたリクルー

トという会社は、当時フレックス定年制を採用しており、38歳で退職金がピークに達するよう設計されていました。30代で転職・起業をする先輩たちも多く、その意味では、若い頃からキャリア自律を意識できる環境だったと言えます。

独立のための準備として、若い頃は資格取得にもチャレンジし、その後、会社の制度を活用してビジネススクールにも通いました。

ただし、この当時は、起業をしたいという思いはあるものの、まだ起業して何をやりたいかということまでは明確になってはいませんでした。日々は仕事が忙しく、考える余裕がないとこぼしていたものの、要は言い訳し、先延ばしにしていただけです。

今のようにインターネットもなく、起業のリスクも高かった時代です。株式会社設立には資本金1000万円を用意せねばならず、役員の確保にも高いハードルが課されていました（1円起業が可能になった現代からは隔世の感があります）。

何より、当時は誰もが大企業に入れば一生安泰だと考えていました。同世代の大企業社員や公務員として働く友人たちは、この安泰を得るために、子どもの頃から遊ぶのを我慢して受験戦争を戦い続けてきたのだと考えていました。私自身、比較的順調に昇進し、相応の収入や権限も得られていました。

また、若くして起業したものの失敗して行方知れずになった知人もいましたし、資金繰りに苦しんだ友人の起業家に騙され貯金を奪われたこともありましたから、明日は我が身かと思いビビってもいました。

●「社内失業」という大きな挫折を味わう

そんな中、私は組織人として大きな挫折を味わいます。編集長を務めていた雑誌を軌道に乗せられず、かつ担当役員に断りもせずカンパニーを超えてほかの事業責任者に連携を働きかけたことなどが問題視されたこともあって、異動を余儀なくされる状況に追い込まれたのです。

「社会的な大義実現のためには、社内の組織間の手続きなど小さなこと」と甘く考えていたのですが、今思えば若気の至りで、上から疎《うと》まれても仕方なかったのかもしれません。

「関連会社にでも飛ばされるのだろうか……」と考えていたのですが、ある役員に拾われ、意外なことにリクルートにとっては保守本流である『リクナビ』などの求人メディアを扱う事業部へと異動することになりました。

しかし、この異動は手放しで喜べるようなものではありませんでした。異動先の事業部にはすでに名物編集長と言われる人たちが席を占めています。私には仕事がなかったのです。**半年間ほど、いわゆる社内失業を経験**することになりました。

この時期は本当に苦しかったですね。「あの人、ほかの事業部で編集長をしていた人だよね。席で何をしているのだろう？」という声も漏れ聞こえてきます。周りは忙しく働いているのに私はすることがない。正直、もう辞めてしまおうかという思いも頭をよぎりました。しかし、具体的なプランがあるわけでもありませんし、子どももまだ小さかったので、一時の感情で辞めるわけにもいかなかったのです。

●どん底の中で、「人を育てる仕事をしたい」というビジョンが見えてきた

私が本当にやりたいことの原点と言えるものに出会ったのは、このどん底をくぐり抜ける過程でのことでした。

当時は雑誌などの紙のメディアからインターネットメディアへの転換期。現場で働く若い人たちはインターネットを活用してどのようなことができるか、一生懸命様々な取り組みを続けていましたが、紙のメディア中心で事業を展開してきた経営層は現場のやっていることを今ひとつ理解できていませんでした。そのすれ違いのせいで、時代の変化を捉えて新しいことにトライする現場の思いが報われない状況が続いていました。

そこで私は、現場の人たちの仕事を翻訳して上に伝え、現場に対しては経営層の考えるビジネスモデルを理解して自分たちのやっていることの価値を伝えられるように、仕組みを整備したのです。仕事に一家言ある幹部の一人ひとりと膝《ひざ》づめで話し合い、組織を巻き込みながら、社内コンサルとも言える橋渡し役に尽力した結果、事業部全体が抱えていた課題解決に貢献することができました。こうしてできてきた育成風土を後退させないために、四半期ごとに大々的なコンテストを開催し、現場の奮闘を称え、仕事にプライドを持たせ続けるようにもしました。これらの結果、特に、現場で働く若い人たちの意欲を喚起できたことは、私にとって大きな喜びでした。

そうした働きが評価されて、私は『リクナビ』を統括する編集長を任されることになります。サラリーマン生活も浮き沈みがありますね。ここでも私は日本社会における若者が抱える課題を知ることになります。

全国の大学を回って学生の生の声を聞いていると、学生たちは、就職活動前は個性的に生き生きとキャンパスライフを送っているのに、就職活動を始めるとみるみる個性を押し殺し、元気がなくなっていくという実態を痛感したのです。髪の毛を黒く染め、同じようなスーツを身にまとってベルトコンベアに乗せられているかのように就職活動を続ける中で、彼らは疲弊しきっていきます。就職後もリアリティショックにやられ、モチベーションは下がり、メンタルを病んでしまう者も続出する状況を目の当たりにし、「これはおかしい。なんとかしなければ」という思いを抱くようになったのです。

背景には、バブル崩壊以降の厳しい環境下で、企業が人の採用を抑え、リストラが横行し、非正規雇用者が増えるなど、新卒一括採用と人材育成が地続きだった日本型雇用が変容してきたことがありました。第３章の冒頭でお話ししたメンバーシップ型雇用からジョブ型雇用へのシフトです。現場では人員が削られ、プレイングマネジャーも増加し、人を育てる余裕もノウハウも失われ続けていることに気づいたのです。私自身も大手企業で働くプレイングマネジャーの一人として、構造的な問題が大きいと感じていました。

この国で「人が育つ現場」が壊れていく現状をなんとかしたい――。そんな思いが私の中でどんどん強くなっていきました。

私自身は、働くことは楽しかったですし、厳しくても愛のある先輩や上司に恵まれ、背伸びする機会をいただきながら育ててもらってきました。だから、成長する楽しさや仕事の喜びを今の若い人たちにも存分に感じてもらいたいと思っていました。

しかし、現実には若者たちは「社会に出て働く」ということに苦悩している。受け入れる上司も戸惑っている。このような現場で働く若者たちを応援する仕事をしたい、人生の後半戦は人材育成にまい進したい――。こうして私は**会社の仕事を通して、自分のライフワークと言えるテーマに巡り会った**のです。

●「夢に酔っているだけで、何も行動していない」。ガツンと言われたひと言

リクルートの事業としてできることもありましたが、事業規模や収益性が問われる大企業ではやはり制約があります。これこそ起業して取り組むべき仕事だと感じた私は、周囲の人たちに自分のやりたい夢を語るようになっていました。

とはいえ、当時の私は、幹部管理職として1000万円をゆうに超える年収と相応の肩書きも得ていました。それを失うのは怖い、というのも正直な気持ちでした。

そんなあるとき、知人の起業家にガツンとやられることになります。

「前川君、それをやりたいっていうのはわかるけど、何もアクション起こしてないのにやりたいとだけ言うの、やめてくれる?」

その言葉通り、当時の私はやりたいことを見つけただけで何の行動も起こしてはいませんでした。安全地帯にいながら、夢に酔っているだけ。**安泰を捨て飛び出す勇気を持てていないことをズバリ指摘された**のです。常にリスクを取り、身体を張って事業にチャレン

ジしているその先輩起業家にとって、私の夢語りは覚悟のないものに聞こえたに違いありません。

●知覧特攻平和会館で人生の時間は有限であることを意識した

その出来事の後、先輩起業家は私と仲間10人ほどを旅行に誘いました。行き先は鹿児島県の知覧《ちらん》特攻平和会館。第二次世界大戦の末期、まさに明日片道の燃料だけで飛ぶという状況に置かれた特攻隊員たちが家族への思いなどを書き残した手紙の数々は、当時の私の心に突き刺さりました。わずか20歳前後の若者たちが書いたのは、明日までしかない命と向き合っているにもかかわらず、自分のことよりも残される親や妻や子どもたちの幸せを願う文章ばかり。

心が揺さぶられた手紙が数々あったのですが、一つだけご紹介しましょう。昭和20年5月４日、18歳で逝った相花信夫さんが義理のお母さんに宛てた手紙です。

［相花信夫……18歳］

母を慕ひて

母上　お元気ですか
永い間本當《ほんとう》に有難うございました
我六歳の時より育て下されし母
継母とは言へ世の此の種の女にある如《ごと》き
不祥事は一度たりとてなく
慈《いつく》しみ育て下されし母
有難い母　尊い母

俺は幸福だつた
遂に最後まで「お母さん」と

呼ばざりし俺　幾度か思ひ切つて呼ばんとしたが
何と意志薄弱な俺だつたらう
母上　お許し下さい
さぞ　淋《さび》しかつたでせう
今こそ大聲《おおごえ》で呼ばして頂きます
お母さん　お母さん　お母さん　と。

『いつまでも、いつまでもお元気で――特攻隊員たちが遺した最後の言葉』
（知覧特攻平和会館編／草思社）より

滂沱《ぼうだ》。読み進めるうちに涙が止まらなくなったことを覚えています。

「命には限りがある。だとしたら本意ではないことに費やしている時間はないはずだ。何より会社を辞めたとて、命まで取られるわけではない。もし自分が40～50年早く生まれていたら、同じ状況にいたかもしれない。戦争時に20歳前後の若者たちが人のためを思い散っていったことを思えば、その倍も生きてきた自分が、やりたいことがあるのにお金や地位に恋々《れんれん》として立ち止まっているのはなんと恥ずかしいことなのか」

私はそのことを強く自覚しました。先輩起業家は私にそれを気づかせたかったのです。

そして私は改めて「1年」という期限を設定して自分に問い直しました。

「人生があと1年だとしたら本当にやりたいことは何だろうか？　人が生き生き働き育っていく社会を創りたいという自分の思いは本物か？　1年という限られた時間の中で優先順位をつけたとき、最もやりたいと言えることだろうか？」と。

それまでは、人生の時間の有限性を意識せず、「いつかやりたいこと」として人材育成を語っていたに過ぎなかったのです。しかし、それでは何も始まらない。10年後にできればいいやという程度の思いでは結局実現には至らないのです。

知覧特攻平和会館を訪問したことをきっかけに、私の起業への意志は固まりました。旅から帰ってきたら、とてもすっきりした気持ちになっていました。

その決断から10数年経った今、私が自宅で1人起業したＦｅｅｌＷｏｒｋｓは、多様な部下を育て活かす「上司力」に特長を持つ教育研修会社として認知され、この国の一部上場企業約２０００社のうち20社に1社で、中堅企業まで含めると４００社以上で人材育成支援の実績も積んできました。オフィスを構え、頼もしい仲間も一人、また一人と増えてさらに増床もできました。だからこそ、私はこの起業に至った原点の思いを大切にしています。創業7年目から毎年続けている社員旅行の初回でも仲間たち全員を知覧に連れていきました。後述しますが、起業直後をはじめ「もうダメかもしれない」と思った経営危機も3度ほどありましたし、あとから入ってきた仲間たちに仕事があること、忙しいほどお役に立てる機会があることは決して当たり前ではなくありがたいことなのだと知ってほしかったからです。

時計の針を戻しましょう。会社員時代に知覧で意志を固めた私は、行動へと向かうために自分に次なる問いを投げかけたのです。

Q2 なぜ、その「やりたいこと」に挑戦しないのですか？

●自分が何に囚われているのかを見つめ直す

ミドルが転職や起業などを考えたとき、**「できない理由」はいくらでも浮かんでくるものです。**まず、入社以来苦労を重ねてようやく手に入れた今のポジションや収入を失うことが惜しいですよね。そして、家族がいます。まだまだ子どもの教育費にお金がかかるとなれば、安定収入を失うことは当然怖いでしょう。仮に子育てが一段落していたとしても、老いてきた親の介護費用も気がかりでしょうし、自分も病気になるかもしれない。妻との老後を考えれば冒険はやめておこうかという気持ちにもなるでしょう。

また、今までの仕事とは違う領域のことをやりたいと考えたときには、「この年で経験も人脈もないのではやっぱり難しいかな」なんていうふうにも考えがちです。

やりたいこと（＝キャリアビジョン）が明確になっても、このように「できない理由」がいくつも覆い被さってくると、結局は行動できなくなってしまうのです。

人間は変化を恐れる生き物です。特に、大きな組織の中で同じ価値観を持つ仲間たちとともに20〜30年もの間生きてきたミドルは、変化への恐怖心が強いもの。だから、できない理由をいくつも挙げて、それを言い訳として同じ場所に止まり続けようとします。

とはいえ、「できない理由」について考えることは決して意味のないことではありません。自分が何に囚われているのかを改めて見つめ直すことができるからです。

●モヤモヤしていた思いを一つひとつクリアにしていく

そこで、当時の私も「やりたいことは見つかっているのに、挑戦しない理由は何だろう？」と自分に問いかけました。

すると、「今すぐ挑戦しない理由」がいくつも出てきました。

大企業で働いていることのステータス、著名メディアの編集長というポジション、あわよくば役員になれるかもという出世欲、毎月25日に振り込まれる安定収入などを今すぐに手放すのは惜しいという気持ちもありましたし、子どもの教育費もまだまだ稼がなければいけない時期でした。起業するのですから当面の収入の保証はありません。これは大きな不安です。また、キャリア支援メディアの編集には携わってきましたが、直接的な人材育成支援をしたことはなかったですから、「自分に本当にできるのだろうか」という迷いもありました。

ちなみに信頼する人生の先輩方にも何人も相談しました。そこで気づいたのは、社内の先輩に相談すると「辞めるな」「もったいない」というアドバイスが返ってきて、社外の先輩、特に経営者に相談すると「早く起業しろ」というアドバイスが多かったこと。相談は自分の意志を後押ししてくれる人にするものですね。

さて、このように整理してみると、それ以前のモヤモヤした心の状態が多少クリアになってきます。**一つひとつの「挑戦しない理由」を見つめ直していく**と、それぞれ、自分の覚悟一つでどうとでもできるものなのか、準備をすることで乗り越えられるものなのか、周囲との相談が必要なものなのかを分けて検討することが可能になってきたのです。

Q3　やりたいことができない本当の理由は何ですか？

●家族がいるから、子どもが自立していないから冒険できない、は本当か？

家族もいるミドルが自分の思いだけでやりたいことに向かって突っ走ることは現実的に難しいでしょう。家族を路頭に迷わせることは無責任だという気持ちもわかります。実際、自分の稼ぎが家族の生活を支えているのですし、子どもの教育費もまだまだかかる。その責任は確実に負っていますから。

このようなとき、私たちはつい先入観で安易に結論を出してしまいがちです。「家族は反対するに決まっている」「子どもはこれから大学進学だし、今は自分が好き勝手できる状況ではないよな」などと考えていると、「どうせ無理だ」という思いが自然と勝ってしまうのです。

しかし、家族がいるから、子どもがまだ自立していないから、絶対にリスクのある挑戦はできないという理屈も成り立ちません。現実に家族としっかり話し合い、できるだけリスクを抑えるよう調整をして挑戦している人はいるのですから。また、今や専業主婦世帯は少数派であり、共働き世帯が多数派の時代になっています。男性の片働きで家族全員を養うべきという考え自体が古いかもしれないのです。

何より自分の人生です。**仕事を苦役と捉え、我慢しながら働くことは自分にとって幸せなのでしょうか。また、そうした不本意な働く姿を見せることは、実は家族にとっても良いことではないかもしれません。**

長年、大学で教鞭を執る中で学生たちと接していて感じるのは、働くことへの期待よりも不安の大きさが年々高まっている現実です。この国の若者たちにとって働くことが希望溢れるものに変わるには、まず親世代が未来を見て果敢に挑戦している姿を見せることだと私は確信しています。だから、ここでもう一歩踏み込んで考えてみてほしいのです。

●家族とじっくり話し合うことで答えは見えてきた

Q2で挑戦しない理由を整理した私は、改めて自分に問いました。「やりたいことができない本当の理由は何だろうか?」と。

大企業で働くことのステータスなどは冷静に考えればどうでもいいことです。いつかは役職定年や定年退職で失う儚《はかな》いものです。運に恵まれて大企業の役員になったとしても、辞めてしまえばただの人です。そんな過去の栄光をひけらかすほど、定年後は地域や家族にも疎まれるのも現実です。そんなつまらないこだわりは今すぐ捨ててしまえばいい。

人材育成支援の経験がないことも、新しいことに挑戦するのだから不安はあって当然のこと。今までだって異動や転勤のたびにやったことのない仕事には何度も取り組んできたのだから、自分なら乗り越えられるはず。そのように考えていくと、残った問題はやはり家族とお金でした。

そこで私は家族に思い切って自分の気持ちを打ち明け、話し合いました。

まず妻に独立の意志を伝えると、妻からは「あなたサラリーマンには向いてないかもしれないから、そのほうがいいと思う。やりたいことを自由にやってくれたほうが私も嬉しい」という言葉がサラッと返ってきました。**こちらが拍子抜けするほど、あっさり応援してもらえた**のです。身近なパートナーはちゃんと見てくれていたんですね。その後、起業後の苦しい時期を含めて、支え続けてくれていることには感謝しかありません。

次に子どもです。上の子は当時小学６年生。これから教育費がかかる年齢です。子どもは、父親が大手企業に勤め、有名な雑誌やＷｅｂメディアの編集長だということは知っていましたから、急に辞めるとなったときにどう思うかについては不安もありました。最初はやはり「え、会社辞めるの」と不安そうでした。しかし、じっくり話すうち「そうなんだ、わかった」と理解を示してくれました。最後に「お父さんは起業に挑戦して、あなたは勉強に挑戦だ。どっちが頑張り続けられるか競争だぞ」と話すと、笑顔で「私も中学校に進学して頑張るから、お父さんも一緒に頑張ろうね」と言ってくれたのです。ぐっと胸に熱いものがこみあげるとともに、**「必ずや子どもが誇りに思えるような仕事を成し遂げよう」**という思いを強くもできました。

そんな子どもも大学進学や留学も経験し、今は若手社会人として元気に頑張っています。さらに子宝にも恵まれ、養育費を稼ぎ続けられた幸運に感謝するとともに、愛する子がいるからこそ、苦しいことがあっても挑み続けられるのだと感じています。

最後は親です。ここも、切り出すまで相当躊躇《ちゆうちよ》し葛藤しました。それには背景があります。私の親は、戦後の貧しかった時代に満足な教育が受けられず、10代から丁稚奉公や住み込みで働き修業し独立。激動の昭和の時代に夫婦で力を合わせて自営業を営み、私たち子どもにしっかり教育をつけさせてくれました。商売には浮き沈みがあります。休みもなく身を粉にして働くも事業がうまくいかず、夜な夜な帳面を見て悩んでいた姿も記憶しています。それでも子どもには愚痴一つ漏らさず「どんなことがあっても、教育だけはつけさせるから」が口癖でした。事業に失敗し困窮する家族や夜逃げする人たちも間近に見てきただけに、私が安定した大手企業サラリーマンになったことを心底喜んでくれました。マネージャーや編集長に昇格するたび、我がことのように嬉しそうでした。

常々「自営業を営んできた私たちのようなしんどい思いを子どもたちにはさせたくない」「息子は大きな会社で元気に働いている」と話していた親に、結局独立したいと伝えなければならない。近頃は体も弱り病気も抱える老親に心労をかけてしまうことに申し訳ない気持ちもありましたが、伝えないわけにはいきません。

「会社を辞めてどうしてもやりたいことがあるんだ」

あるとき意を決し思い切って気持ちを伝えました。最初は事業の骨格が定まっていないことや、孫の将来なども心配したようですが、「そうか、あなたの人生だ。やってみたらいい」と最後は認めてもらえました。相当複雑な思いを抱いたであろうにもかかわらず、多くを語らず応援してくれた親には感謝してもしきれません。

後日談として、起業から10年以上経ち、オフィスを構え社員として仲間も増えたことを報告し、安堵した表情を見て、やっと一安心させられたと思ったものです。最近では、私が自分の仕事について書いた本を何冊も買いこんでご近所さんに勧めるなど、息子が元気に働いていることを喜んでくれているようです。田舎に暮らすご近所の高齢の方々にはあまり関係のないビジネス書なのですが（笑）。まだまだですが、少しは恩返しができたかなと思っています。

私は、**自分の外側に「できない理由」があると思い込んでいました**。家族が反対するからダメだと勝手に思い込んでいたのです。しかし、実際に家族と向き合って気持ちを聴いてみると、まったくそんなことはありませんでした。結局、私は、**自分の内側にある臆病な気持ちを家族に転嫁していただけだった**のです。

●「起業して無収入になったらどのくらいやっていけるか」を計算した

ただし、私の場合はとてもラッキーだったと思います。というのも、「やはり家族が反対するので……」と、やりたいことを諦める人も多いからです。

実際、私の営む会社にも、これまで何十人ものミドル層の方から「人材育成を仕事にしたいので雇ってほしい」という手紙やメールが届いています。すでに講師やコンサルタントとして独立している方は基本お断りしていますが、私と同じように企業で管理職や経営幹部を経験しており、第二、第三の職業人生を人材育成に挑戦したいという人であれば、お役に立てると考え、お会いします。「積極的に採用活動をしているわけでもないのに、連絡してくるからには同志になれる人かもしれない」とワクワクもしますし。

しかし、中には、「給料は大手企業時代と遜色なくほしい、かつやりたい仕事をしたい、でも経験がないから仕事を教えてほしい」という虫がいい人もいます。

そこで私が「人材育成という志を全うするには相当な苦労がありますし、お勤めの大手企業のような待遇もありません。まずはご家族と話し合ってきてください」と伝えると、ほとんどが「やはり諦めます」という返事になります。お子さんはとっくに自立して年金ももらえる年齢になっている方から「妻が不安がっているので辞退します」と言われたときには唖然としました。

正直言えば、常識的な判断をすればそうなるのかとがっかりします。ただ、自分でゼロから起業するのではなく、ある程度仕組みができた会社に転職することでも家族を説得できなかったということは、そこまで本気ではなかったということです。ジョインしてもらったとしてもお互いに不幸になるだけですから、むしろ諦めてくれて良かったのだと考えています。一方で、そんな中でもしっかり家族と向き合い、ジョインしてくれた本気の仲間たちとの出会いを奇跡と感じています。

話を戻しましょう。さてそうなると、残るもう一つの問題はお金だけです。お金に関しては、まず今ある退職金や預貯金をすべて書き出しました。それらをもとに、起業して無収入になった状態でどのくらいの期間やっていけるかをシミュレーションしました。

蓄えがいくらあって、退職金がいくらで、教育費などで毎月出ていくお金がいくらで、ギリギリ切り詰めた場合の生活費がいくらで……と考えていけば、出ていくお金は計算できます。一方で、売上で入ってくるお金はまったく読めません。幸い、立ち上げようとしている人材育成支援事業は、工場が必要だったり原材料費用が莫大にかかるものではありません。飲食店のように家賃の高い目抜き通りに店舗を構える必要もありません。「ついていきたい」と申し出てくれる元部下もいましたが、路頭に迷わせてはいけませんし、そもそも給料が出せないので一人起業でスタートすることにしました。

ところが、どこで噂を聞きつけたのか、ファンドの方が訪ねてきて出資を打診されたり、助成金をもらうようアドバイスしてくれる士業の方も出てきました。ただ本業で稼げていないのに出資や助成金に頼り自沈した起業家も見てきたので、丁重にお断りしました。

とはいえ、出ていくお金は抑えられれば抑えられるほど安心です。だから最初は自宅で開業し、起業のために新調したのもパソコンと格安のデスクと椅子のみでした。ちなみに、会社を辞める前に自宅マンションは買いました。起業してしまうと大企業サラリーマンのように簡単に住宅ローンが組めなくなるからです。

こう計算していくと、2年くらいは家族に大きな迷惑をかけることなく生きていけるだろうという目算が立ちました。それでも厳しいときは車を売ればさらに6カ月くらいは何とかなる――。そうそう楽観視はできないとはいえ、これなら挑戦することは可能です。私は自分にゴーサインを出しました。

その頃、長年仕事を共にしていたフリーランスのライターさんから「やっと川を渡ってこちら側に来てくれたね。これからは本音で話せるよ」と言われました。私は対等に接しているつもりでしたが、やはり発注者側の大手企業サラリーマンは体を張って仕事を請けてくれている個人事業主には気を許してもらえていなかったのだと実感したものです。

Q4 名刺がなくても付き合える社外の知人は何人いますか？

●700通の挨拶状を送るも反響ゼロ!?

第3章で、いざというとき、大企業の看板を失った自分を助けてくれるのは、名刺や肩書きで得た人脈ではなく、信頼関係で結びついた友だちであるとお伝えしました。

しかし、**大企業で働くミドルは日々の忙しさにかまけて、古い友だちとの付き合いが希薄になりがち**です。また、地域社会や趣味など会社以外の場所で新しく友だちを作ることにも積極的ではありません。

これは人生後半戦のことを考えると危険信号。だから、「自分には名刺がなくても付き合える社外の知人が何人いるだろうか？」ということは常に自分に問い続けていただきたいですし、少ないと感じたのなら、今すぐ友だちと呼べる関係を増やしていくよう意識的に行動していただきたいのです。

かくいう私は、会社を辞めた後で、名刺や肩書きがなくても付き合える友だちの大切さを痛感することになりました。

キャリア支援、人材育成を仕事にしたいと考えて起業した私は、当初、リクルート在籍時に得た人脈がビジネスのきっかけになるのではないかと考えていました。そのため、これまで名刺交換した人たちの中からこの人はという人をピックアップし、700通ほどの挨拶状を送りました。そのうち1割くらいからは、すぐに仕事の依頼とまではいかなくても、何かしらの反響はあるだろうと見込んでいたのです。

サラリーマン時代には縁のなかった税理士さんや司法書士さんを探して依頼し、会社を設立。自分なりに事業計画を立てて、その計画が絵にかいた餅にならないためには、まずは顧客や仕事の獲得です。この700通はその大きな一歩につながるはずでした。

――ゼロ。しかし、私の甘い見通しは見事に裏切られました。反響は「ゼロ」だったのです。

私は大変なショックを受けると同時に、名刺や肩書きを介したつながりがいかにアテにできないものであるかを痛感しました。倍々ゲームで売上や社員数も増えていくと楽観していた事業計画書はすぐにゴミ箱に捨てました。**しょせん大企業の看板がなければ自分は通用しないのか……。**仕事もなく、そのように思い悩むどん底の日々が続きました。

大手企業で管理職をしていた頃は、一日に100通以上も届くメールや分刻みの会議・打ち合わせで忙殺されていたのに、今はメールどころか携帯電話もまったく鳴らない。出かけるあてもない。庭に現れた野良猫に名前をつけエサを与え話しかけたり、平日の日中に近所の公園で遊ぶ若いママと子どもたちをボーッと眺める毎日。いま自分が死んでも仕事で困る人は誰もいない。自分は誰からも必要とされていない……。**社会から締め出され孤立し、生きていく平衡感覚すら失ったような絶望感**を覚えました。

ただ、幸いなことに私には数多くの友だちがいました。もともと妻にも「あなたは会社員には向いていないない」と言われるくらい、組織の枠からははみ出して生きてきた私は、社内外で友だちと呼べる人間関係を広げてきました。ただし、何か魂胆があって人脈を形成してきたというわけではなく、自然に気の合う仲間が増えていったというだけです。会社を辞めたときも、社外の友人が30〜40人集まって壮行会を開いてくれたものです。そのときに集まってくれた友だち、先輩、後輩がどん底にいる私にいろいろな手助けをしてくれたのです。

ＩＴに疎い私のために手弁当で会社のホームページを作ってくれたり、営業経験のなかった私のために見積書の書き方を一から教えてくれたりと、いろいろなことで彼らのお世話になりました。

なにしろ、大企業を飛び出して、仕事もない状況で、平衡感覚すら失いかけていたときでしたから、何の見返りも求めずに力を貸してくれる友だちの存在は大きな励みになったのです。

●初めての大きな仕事は恩師から

また、友だちとは違いますが、初めて大きな仕事を依頼してくれたのも、私にとっての恩師であるサラリーマン時代の上司からでした。その上司はリクルートの人事担当役員になっており、なんとリクルートの人事制度改革のコンサルティングをしてほしいという案件でした。

私はメディアの編集長を務めた経験や事業部の組織改革などに取り組んだ経験はあるものの、人事の専門家ではありませんし、その分野での実績もありません。しかし、当時は何の仕事もない状況でしたから、私にとっては渡りに船です。とにかくやってみようと、依頼を受け、人事部内に立ち上がったプロジェクトにどっぷり入り込んでいきました。

実は、恩師は私の経験ややりたいことを理解した上で、依頼してくれていたのです。この人事制度改革の目的は、現場で働く一人ひとりの強みや思いを上司や会社側がしっかり受け止め育てることで、組織成長を飛躍させること。まさに私が長年感じていた日本企業で「人が育つ現場」が壊れていく現状を食い止め、今の時代に合わせて改革していく仕事でした。

半年ほどを要したそのプロジェクトは無事成功。それまでの上司から部下に仕事を指示してやらせる目標管理制度から、部下が自分のやりたいことを上司に提案して組織役割にすり合わせをする「Ｗｉｌｌシート」と、大切な従業員一人ひとりを組織をあげて育てる「人材開発委員会」の運用という仕組みに昇華させることができました。私がコンサルティングをしたこの新人事制度は、新聞でも取り上げられるなど大きな話題になりました。

プロジェクト終了後、元上司は、「前川、この仕事、お前がやったってあっちこっちで言っていいから」と私に声をかけてくれました。つまり、起業したばかりの私に仕事を依頼してくれたのは、元上司の親心だったのです。そのおかげで私は大きな実績を作ることができ、いきなり挫折した起業を軌道に乗せるきっかけを作れたのです。

その後も「うちのセミナールームに集まる人たちに思いの丈を伝えなさい」と機会を作ってくださった著名講師の方、「ぜひ私の番組に出て話してください」と声をかけてくださった社会貢献的エンターテイナーの方、「うちが付き合っている企業の集まりがあるから、そこで挨拶しなさい」と背中を押してくださった出版社経営者の方など、サラリーマン時代から懇意にさせてもらっていた人たちの中から思いもよらなかった応援もしていただけました。その都度、親身になってくださることが涙が出るくらい嬉しく、今も足を向けて眠れない、もし困られることがあったら全力でできることをしようと思うご縁のありがたさを感じています。

会社を辞めた後に、名刺や肩書きが介在しない、信頼でつながった人間関係の大切さを改めて思い知った私は、今も日々「自分には名刺や肩書きがなくても付き合える友だちが何人いるだろうか?」と自分に問い続けています。

また、講演に呼ばれたり、キャリア相談に乗ったりする際には、「今の職場の上司や同僚との関係を大切にしなさい」「周囲の期待に応え続けなさい」と伝えています。その問いは、「名刺や肩書きを外した自分は何者なのか?」「その自分を認めてくれる人がどれだけいるのか?」というより深い問いにもつながっていきます。

Q5　会社の外でも通用する「自分の強み」は何ですか？

●自分の本当の強みは、外に出て実践で試してみないとわからない

ミドルが転職や起業を考えるときには、つい安心感がある同業種・同職種にこだわってしまいがちです。しかし、それでは、第二、第三の職業人生の選択肢が限られてしまいますし、やりたいことを仕事にするのも難しくなります。長年働いてきたゆえに、業界自体が斜陽になっていたり、職種そのものの需要が減ってきたりしていることも多いのでなおさらです。

ミドルでも、自分の強みを活かすことによって経験のない異業種・異職種にチャレンジすることは十分可能です。その際、業種・職種を超えて転用できる自分の強みが何であるかということが重要になります。

50歳を超えてくると、一般的な求人としては、マンション管理人やタクシードライバーや介護施設職員などが多いもの。高齢化を背景に介護施設では常に人材不足です。それではとホームヘルパー資格を取得して転身しようと考える人もいるかもしれません。

しかし、これまで大企業で事務系の仕事をしていた人が体力のある若い人たちと同様にゼロから介護スタッフを目指すのは得策ではありません。それよりも、伸びる介護企業では、事務部門でも人材不足だったり、そもそも管理職が育っていなかったりするものです。ここなら、異業種の大企業で働いていた異職種のミドルでも強みが活きるはずです。

このように、会社にいる間に**「会社の外でも通用する自分の強みは何か?」**ということを常に自分に問い続けてください。

企画力、交渉力、課題分析力など、今までの業務経験から自分の強みと感じられる能力・スキルはいろいろと思い浮かぶでしょう。ただし、それが本当に会社の外でも通用するものかどうかはなんとも言えません。実際、やってみないことには誰にもわからないからです。

つまり、「自分の強みは何か？」とただ考えているだけではダメだということです。何らかのチャンスを活用して、経験のない領域で仕事として自分のスキルを試してみる経験が必要なのです。**本格的な転職ではなく、あくまで腕試し**ということがポイント。自分の強みが会社の外で通用するか検証するためのトライアルです。

とはいえ、具体的にはどうしたらいいのか、ピンと来ない人もきっと多いかと思います。大学生であれば、希望する職場を体験できるインターンシップの機会が豊富に用意されていますよね。しかし、ミドルにはそういったオープンな職業体験プログラムが、まだ少ないというのが現実です。

ただし、数は限られるとはいえ、ミドルに対する同じような取り組みも始まっています。例えば、私たちＦｅｅｌＷｏｒｋｓでは、ミドル・シニア社員が様々な職業体験を通じてこれからの働き方・生き方に対する気づきと刺激を得ることを目的に、仕事旅行社と提携して『仕事旅行』体験ができる機会作りも支援しています。

あるいは、身近にそういったプログラムがなかったとしても、社会経験を重ねてきたミドルですから、知人が経営・勤務する会社で短期間、無給で働かせてもらうといったことも、交渉次第では不可能ではないはずです。実際、私が営むＦｅｅｌＷｏｒｋｓでも、ベンチャー企業で働く疑似体験がしてみたいという現役サラリーマンや早期退職したミドルを何人も受け入れてきました。働き方改革で残業が減り、休暇もとりやすくなり、社外の腕試し機会は作りやすくなっているはずです。

また、第３章でも説明したように、複業も社外で自分を試す方法の一つです。

そうやって、いつもの職場とは異なる環境で力を試してみると、「自分の企画力は異業種・異職種でも通用する」という手応えが得られたり、あるいは逆に自分の強みだと思っていた力が社外では通用しないことを思い知らされたりします。

ここで得られる気づきこそが重要なのです。

●起業当初は一つひとつの仕事が未経験領域へのチャレンジだった

今、振り返ってみると、私は会社員時代に、このように会社の外で自分を試すことをしてきませんでした。これは後悔していることの一つです。ぜひ皆さんにはこの後悔を感じることがないよう動いてほしいと思います。

ただ私は、会社を辞めて起業した後、依頼を受けた未経験の仕事に取り組むことが、自分の力の汎用性を確かめる機会になりました。

結果として、起業した早い段階で自分の強みを自覚できたことは良かったのですが、やはりこの方法はリスクがあります。予行演習ではなく、本番が始まっているわけですから、できるかできないかなんて考える余裕もなくやらなくてはいけない。商品やサービスがないから売れないなんて悠長なことは言っていられず、受託してから死に物狂いで期待に応える商品やサービスを作らなければいけないということです。そしてもし、その段階で、自分の力が通用しないとわかったときには、取り返しがつかないからです。改めて考えても、この腕試し経験は会社員時代にしておくのがベターだったと痛感します。

さて、そういった反省を含めて、未経験の業務に取り組むことを通して、私がどのように自分を知り、成長することができたかをお話ししておきたいと思います。

そもそも、起業した時点では「キャリア支援・人材育成」というコンセプトがあっただけで、具体的な事業内容も商品・サービスも何一つ決まっていませんでした（このあたりも大きな反省点ですが）。ですから、会社員時代の私の仕事ぶりを知っている人か、私の著作や投稿記事、講演などに関心を持った人のご縁から、「こんなことはできる？」という依頼があったらとにかく受けるというスタンスを徹底していました。

依頼された業務に関して経験があるかどうかは関係ありませんでした。なにしろ、私は、履歴書的にキャリアを振り返れば一貫して編集畑を歩いてきたわけですから、それ以外の業務はすべて未経験ということになります。「やったことがないからできません」などと言っていたら、編集しかできません。でも、私は編集制作プロダクションを設立したわけではありませんでした。

●ご縁とお役立ちで道は拓ける

では、**未経験の仕事でもとにかく受ける**という私のやり方は無謀だったのでしょうか。

実はそんなことはなかったのです。

私が携わってきた編集という仕事は、本質的には、コミュニケーションによって人に働きかけることを目的としてきた仕事です。管理職としての部下マネジメントに関してもその点は同様。つまり、「コミュニケーション」に関する仕事であれば、自分が業務経験を通して培った強みを応用できるはずだという目算はあったのです。

実際、無我夢中で依頼を受けた仕事に取り組む中で、この思いは確信に近いものへと変わっていきました。

わかりやすい例を挙げると、起業した年にある大手企業から新入社員研修のプログラム作成と講師を依頼された案件がまさにそれでした。リクルートで経験を積んできた雑誌やＷｅｂサイトの編集は、ターゲットの特性を把握し、その人たちの興味・関心や感情を喚起して、一定のアクションを起こしてもらい幸せに近づいてもらうというものですが、研修プログラムの作成も基本的には同じだったのです。使う筋肉が共通しているため、編集時代に培った企画力などの強みがダイレクトに活かせたんですね。「一般的な研修会社が提供するプログラムは手堅いが新鮮味に欠ける。一方、前川さんの作ったプログラムは、現場フィット感やライブ感がある」と大いに喜んでいただけたのです。

こうして様々なご縁から少しずつ仕事を依頼されるようになり、その都度仲間と全力でお役に立てるよう働く中で独自の商品やサービスが生まれてきました。この経験から私は、**ご縁とお役立ちで道は拓ける**と確信するようになりました。

もちろん初めての仕事ですから、キャリア、人材育成、リーダーシップ、マネジメントなど専門知識では最初は知らないことだらけ。しかし、単に知識の問題であれば、調べたり学べば良いことですし、その分野に詳しい人に聞けば済みます。**知識不足は、仕事を形にし、結果を出すために必要な筋肉と熱意があれば、十分補うことは可能**なのです。

このような経験をいくつも重ねることによって、私は自分の強みを明確に認識するようになっていきました。

Ｑ６　その強みを磨き、不動のものにするためには何が必要ですか？

●マーケティング感覚を活かして自分の「ポジショニング分析」を行った

自分の強みが何かがわかったとしても、現状維持でいいやと放置していてはその力は次第に鈍っていきます。変化の時代に現状維持することは、後退することや陳腐化することと同義です。だから、会社にいる間に強みを磨くための努力を始めなければいけません。

そのためのＱ６です。

その際、意識していただきたいのがマーケティング感覚です。転職をするにせよ、起業をするにせよ、今の会社でもう一勝負するにせよ、自分の強みに対してどれだけのニーズがあるのか、競合は多いのか少ないのかといったことを分析し、ニーズに対する戦略を組み立てて強みを磨いていくと、より効率的に強みを武器にできるようになります。

私の場合は、他流試合を通して強みを認識したのが起業後だったので、その時点で、**自分のポジショニング分析**を行いました。

「お客様からの仕事の依頼内容を見ても、自分が専門とする方向性は大まかに分類するとコミュニケーションを土台としたキャリア、リーダーシップ、マネジメントといった領域の人材育成や組織開発の研修・コンサルティングということになるだろう。だとしたら先行者や競合にはどのような専門家や会社があるだろうか」ということを調べたわけです。著名コンサルタントからコンサルティング会社、はたまた大学教授や研究者など、一目置くに値する存在をリストアップしていきました。

その中でお客様から見て自分がどのようなポジションに位置づけられるかを考えていきます。「人を育てることよりも業績や業務効率化をひたすら追求するテーマは私の得意とするところではないし、本意でもない。またアカデミックな理論に関しては、大学教授やシンクタンク研究者のようなバックボーンが私にはないから、ここで勝負するのも違うだろう。やはり働く現場感覚やマネジメント経験を活かして、コミュニケーションを鍵にした人材育成支援が軸となっていくだろう」――。その方向性で強みを磨いていこうと決めました。

ちなみに、このポジショニング分析は、サラリーマン時代にも意識していました。編集長になる前の若手編集部員時代には、社内に居並ぶ先輩の名物編集長をリストアップし、お一人おひとりの強みは何かを分析し、経営が求めるものと市場が求めるものを軸に整理していました。その上で、もし自分が先々この中の一角を占め、お役に立てるとするならばどんな強みを活かし、どのポジションを狙うべきか、そのためにどんな研鑽《けんさん》が必要か――という具合です。

社内に居場所がなくなってきたと悩むミドルには、いきなり早期退職を考える前に、自分の存在意義を確かめるためにも、ぜひこのポジショニング分析をしてほしいと思います。

●書籍やセミナーなど必要な投資は惜しまずに強みを磨いた

自分のポジショニング分析がある程度できると、提供するサービスの内容に関しても形が見えてきます。例えば私の場合であれば、「大手企業で実施されるような多岐にわたる階層別研修を提供するとなると、実績はもちろん、アカデミックなエビデンスも要求されやすい。それよりも、長年現場で働く人たちの声を聴き続けてきたからこそわかる臨場感溢れる実態と処方箋を、編集で鍛えてきた視点で分析し伝える新しいセミナーや研修であれば、自分の強みを活かしてお役に立てるだろう」と考えたのです。

このように**方向性が固まってきたら、次は専門性の強化**です。現場での経験が自分の強みとはいえ、単に体験談を語るだけではコンサルティングや支援になりません。**自分の経験を理論化する**ことが私にとっては大きなテーマでした。

そのために、リーダーシップ、キャリア論、マネジメント論などの書籍を古典から直近のベストセラーまでとにかく片っ端から読破していきました。週に3〜4冊をノルマとして自分に課していましたから、年間で200冊ほどは読みました。今も続けていますから、10年も経てば2000冊以上のインプットですね。

かつ読みっぱなしにしたのでは持論に昇華させるといったアウトプットにつながりにくいので、気になったことは全部メモやブログに残して、自分の頭を整理していきました。講演や研修を頼まれた際の材料になりますし、さらにこれらが蓄積されてきたら本にするという好循環も作ってきました。ちなみに今は、増えてきた仲間たちとも共に学びをシェアし続けているので、10人いれば10倍のインプットとアウトプットが積みあがってきたことになります。

私が取り組むテーマと関連がある講演会やセミナーにも積極的に参加しました。特に一流と言われる講師・コンサルタントのもとには貪欲に通い詰めました。とにかく自分の専門性を高めるための投資は惜しまなかったですね。今も一流講師に学ぶとともに、人が育つ会社があるという評判を聞けば、現場に足を運び、経営者にインタビューも続けています。

それらには当然お金がかかります。しかし起業当初は収入がありませんでしたから、タクシー利用などもってのほか、近場の移動はできるだけ自転車にしていました。リターンにつながらない交通費などはとことん節約したものです。ただし、現在は時間を買う意味でタクシーは使うようにしています。**投資は惜しまず消費や浪費は削る**ということです。

この学び直しの過程で、ある研究者の古典的な理論が、自分が現場で経験してきたマネジメントを裏づけることに気づいたり、自分が現場で抱えていた問題意識について、同様のテーマに取り組んできた研究者が答えを導き出していることを知ったり、私の持論を裏づける会社の事例を知り感動したり、という発見を積み重ねていきました。

さて、この強みを伸ばし、不動のものにする段階でもう一つ取り組んでおくべきことがありました。自分の認知度を高めることです。いくらポジショニング分析をして、それに合わせて強みを磨いても、お客様に自分や自社の存在が認知されなければビジネスにはつながりません。そこで、雑誌・新聞への寄稿やブログの執筆、そして書籍の出版などにも積極的に取り組んで、自分の存在と強みを広く知ってもらうようにしていったのです。

Ｑ７　今のうちに何から始めますか？

●セルフブランディングに努めた会社員時代

Ｑ１からＱ６までを自分に問い続け、具体的なアクションを起こしてきたあなたは、もはやキャリアビジョンも明確になっていますし、行動するマインドも養われています。自分の強みを理解し、それを伸ばす努力も始めているはずです。この段階まで来たら、定年を待たずに転職・起業などの行動を起こしても良いタイミングのように思われます。

はたまた、いざ動いてみると、自分より若くして何歩も先まで行っている人が大勢いることを知り、逆に足がすくんだ人もいるかもしれませんね。結局、ビジネスもキャリアも差別化の勝負です。世の中や人のお役に立つために、他者にない自分の強みを正しく認知して独自性を磨き続けなければ、あっという間に価格競争に巻き込まれ、無用の存在になってしまうもの。実際、起業してから常に先頭を走ろうと10年以上もがき続けている私ですが、この厳しい現実をひしひしと感じるばかりです。

どちらにせよ、**第二、第三の職業人生が具体的な形でイメージできるようになってみると、いかに会社員でいることが恵まれた環境であり、まだまだ会社でできることがあるかということに気づく**ものなのです。第3章で説明したように、会社は学び直しの機会の宝庫。やれることは実にたくさんあるのです。

再三お話ししているように、私は会社で学べることが多々あるとわかっていませんでした。自分では用意周到に準備してきたつもりでしたが、いざ第二の職業人生にジャンプしてみると、足りない知識や経験だらけ。大手企業の会社員という恵まれた環境にいるからこそ、もっと勉強できることはあったはずだと反省しています。

余談ですが、幹部管理職として多忙を極めていた際に、総務部から健康診断を受けるよう通達が来ると、「この忙しいときに健康診断なんか行っていられない」とこぼしたものです。今思えば、総務の方に頭を下げて謝りたい気持ちでいっぱいです。**独立したら、誰も健康診断の段取りなんかしてくれません。全部自己責任になる**のですから。

一方で、独立・起業を目指して早い段階から準備をしていたこともありました。それが「セルフブランディング」です。

会社員として『ケイコとマナブ』『リクナビ』などの編集長を務めてきた私は、例えば、最近の習い事の傾向であるとか、大学生の就活事情といったテーマの取材を頻繁《ひんぱん》に受けていました。ただし、これらの取材はリクルートという会社名、著名なメディア、編集長という肩書きがあるからこそ発生していたものでした。

そこで、何か自分ならではの意見や情報を発信していきたいと考えた私は、コネクションを辿って大手新聞社や出版社の記者・編集者とつながり、自分の主張や原稿の売り込みをしていました。編集長が有名になることは会社にとっても有益だとも考えていましたし。

もちろん最初からうまくはいきませんでしたが、何度もチャレンジする中で、次第に寄稿や取材記事になるようになったのです。そして、「次は本だ」と考え、単行本の企画を立て、私が著者にふさわしいと理解してもらうために、寄稿や取材記事をファイリングし、これもご縁をたどり夜な夜な出版社の編集者に売り込んで回りました。なんとか出版契約にこぎ着けると、会社の日常業務をやりつつ、深夜に自宅で執筆を重ね、会社員時代に自分の企画した処女作を出すことができたのです。

起業する領域で実績もなかった私には、著作は大きな武器になりました。大手企業の肩書きがなくなった際に、商業出版で書いた著書は信頼の一助になります。いわば名刺代わりです。本を読んで仕事を依頼してくださるお客様もいましたから（ただし、今は出版市場が衰退し、セルフブランディング効果も弱くなっているので売る工夫も必要です）。

●事業の基本は会社の中で学ぶことができる

実は、書籍の出版に関しては悔しい思いをしたこともあります。会社員時代に旧知の出版社社長から一冊本を出さないかという依頼があり、話を進めていたのですが、当時はちょうど退職の直前。あるとき、「ところで、本が出るときには私は会社を辞めているので、リクルートの編集長という肩書きは使えなくなりますが……」と私は正直に伝えました。

するとと途端にその社長は顔を強張《こわば》らせ、「え？　そうなんですか。ではこの企画はもう一度社に戻って検討します」と言い、その後連絡が取れなくなってしまいました。進んでいた出版話は一気に立ち消えになってしまったのです。

「社長なのに、なんで社に戻って検討するんだ」「体のいい断りじゃないか」と悔しい思いをしましたが、これも現実。出版社の社長としては、前川孝雄という個人はどうでもよく、リクルートの現役編集長という肩書きの著者で本を売りたいと考えていたのでしょう。当時は怒りや悔しさがこみあげ、夜も眠れないほどその社長を恨みましたが、今思えば当時の私に力がなかっただけです。社長は経営者として正しい判断をしており、私が逆恨みしていただけだったのです。

私はそれまでセルフブランディングに努めてきましたが、やはり、会社の肩書きがあってこそという部分もありました。ある意味で、会社にいる間に現実の厳しさを痛感する機会にもなったのです。

さて、最後に皆さんより先に第二の職業人生に踏み出した立場から、Ｑ７の段階で会社にいながらできることについてアドバイスをしておきたいと思います。

よく、起業を意識すると事業計画書の書き方を本格的に勉強する人もいますが、ファンドや銀行から巨額資金を得て短期間で上場企業を創るならまだしも、個人で身の丈に合ったビジネスとして立ち上げる分には必要ありません。皆さんのように第二、第三の職業人生をお金よりも働きがい重視で考えるミドルであるならなおさらです。

それよりも大事なのは、お客様をどのように開拓し、アプローチしお役に立てるかといった営業の基本であり、会社のお金の出入りを管理するための経理の基本です。見積書や伝票の書き方、会社の登記の仕方、契約書の作成といった、取引をする上では必須の実務をしっかり叩き込んでおくことのほうが実は重要なんですね。また、個人情報などのコンプライアンスやＩＴに関する最新かつ基礎的な知識も欠かせません。

これらはすべて会社にいながら学ぶことができるものばかりです。

繰り返しますね。第二、第三の職業人生に向けて本格的に動き出したあなたにとって、会社は学び直しの機会の宝庫なのです。

ミドルの〝キャリア自律〟ケース④

56歳でメーカー営業職から美容師に。在職中の準備と経験を活かして異色転身に成功！

――㈱出前美容室若蛙　代表取締役　藤田　巌さん

●60歳以降の人生は何か人の役に立つ仕事をしたかった

やりたいことがしっかりとあって、自分に制約を設けなければ、定年後の第二、第三の職業人生は多くの可能性に満ちている――。

身体が不自由で外出困難な方、施設・病院に入居している方向けに、出張へアカット・パーマ・カラーリングなどの美容サービスを提供する㈱出前美容室若蛙（わかがえる）。その創業者であり、78歳の今も現役の美容師として活躍する藤田巌さんの異色のキャリアは、多くのミドル・シニアを勇気づけてくれます。

藤田さんは元大手電機メーカーの営業職。50歳のとき、定年後の人生について考えるようになりました。会社の仲間とお酒を飲みに行っても、決まってリタイア後の話題だったそうです。

「私の定年美学とでも言いますか、リタイアせず60歳からはお金儲けのためではなく、何か人の役に立つ仕事がしたかった。そして、どうせやるなら、『人生二毛作』でまったく新しいことに挑戦したいと思ったのです」

講演会に参加したり、本を読んだりして第二の人生を模索する中で、藤田さんはある新聞記事に心を動かされました。

施設で暮らす92歳のおばあさんは、体が悪いわけでもないのに一日中寝たきりで部屋から出ようとしませんでした。ところが、美容師に髪をきれいにしてもらったところ、嬉しそうにあちこち顔を出し、施設内を元気に歩き回るようになったというのです。美容師ってすごい仕事なんだな、と感動したそうです。

「同じ頃、母が病院や施設を出たり入ったりしていて、いつも髪がボサボサだったたんです。『美容師になれば、母の髪をきれいに整えてあげられる。恩返しができる』という気持ちもあいまって、挑戦してみようと決意しました」

ただし、美容師国家資格を取得するには専門学校卒業が必須です。通信教育なら学科はなんとかなるにしても、年2回、2週間のスクーリングに参加しなければいけません。さらに、当時はまだインターン（実習）制度があり、実際に美容室で1年以上の実務経験を積む必要がありました。50歳を超えたサラリーマンが働きながら目指すのは無理だと、学校からは入学を断られました。

しかし、藤田さんは食い下がります。「スクーリングは勤続30年のリフレッシュ休暇を利用して参加します」「インターンは定年退職後に行います」とアピール。なんとか入学が認められ、結果、土日のみの勤務でOKのインターン先も紹介してもらえました。そして、定年まで残り2年の56歳のとき、実技試験3回目の挑戦で、美容師国家資格を取得できたのです。

●美容と同時に介護も学び、福祉美容のアイデアが浮かぶ

ちょうど同じ頃、お母さんががんを患ったことをきっかけに、藤田さんは介護の勉強も始めます。その際、実習先の施設で女性の入居者がバリカンで髪を刈られているのを見て胸を痛めた藤田さんは、その光景から新しいビジネスのヒントを得ました。

「自分が勉強してきた美容と介護を組み合わせた『福祉美容』というアイデアがひらめいたのです。高齢者や身体が不自由な方のための、出張と送迎をコンセプトにした美容室。こんなお店があれば、人の役に立てるのではないかと考えたわけです」

そして、58歳で定年退職した後、イギリス留学や美容室での修行期間を経て、60歳の誕生日に「福祉美容室カットクリエイト21」を開業しました。

美容の仕事は固定客がつくまでに時間がかかります。藤田さんも最初の5年くらいは大変でしたが、地道な宣伝活動が次第に実を結んでいきました。

送迎車の後や横に「送迎やります」「出前カット」と大きく目立つように描いて、

あちこち走り回り、暇さえあればポスティングも行いました。チラシと割引券とお店の地図を茶封筒に入れて、「カットクリエイト21です！　よろしくお願いします！」と一軒一軒ポストに頭を下げながら、投函しました。

すると、2階のベランダで洗濯物を干していた奥さんに声をかけられて、ここぞとばかりにお店の紹介をしたところ、「実はうちのおばあちゃんが……」という話になったことも。井戸端会議をしている奥さんたちの輪に飛び込んでいって、封筒を手渡しするなんてこともしていたそうです。

いつしかカットクリエイト21は口コミで評判が広がり、リピーターも増えていきました。２００７年に同社の訪問美容サービス部門の業務移管を受けて、出前美容室若蛙を設立。現在は関東の１都６県で１６０の高齢者施設がお得意様に。創業12年で社員数も50人にまで増えました。

大手企業サラリーマンから美容師に転身した藤田さんのキャリアは、一見ゼロリセット転身に見えます。しかし、『福祉美容』に絞り込んだビジネスモデル構築、送迎車・チラシによる宣伝活動、井戸端会議への飛び込み営業など、電機メーカー営業職として積んできた経験があったからこそ起業に成功したと言えるでしょう。

また、会社を成長させ、50人もの社員を束ねマネジメントできるのも、管理職としての経験が存分に活きているはずです。これらは、専門学校を卒業してすぐに美容師になった若者にはないミドル・シニアならではの強みです。

●定年退職した翌日からスタートが切れるように準備！

藤田さんが定年後、ここまでエネルギッシュに第二の職業人生をスタートできた理由はどこにあるのでしょうか。

「定年退職した翌日からすぐにスタートを切れるよう、在職中から目標を定めて、入念に準備しておくことが大切です。『定年後、少し充電してから……』と考える方も多いかと思いますが、一度休んだ状態に慣れてしまうと、再び立ち上がることがどんどん難しくなっていきます。ですから、会社に在籍しているうちに十分な力を蓄えて、定年後は初速のエネルギーで一気に飛び出し、その勢いのまま走り続ける。そう

約50人の従業員をマネジメントするかたわら、78歳の今も現役の美容師として活躍している藤田巖さん

いう姿勢が必要ではないでしょうか」

藤田さんのように目標が見つかる人ばかりとは限りません。そんな人たちに対して藤田さんは次のようにアドバイスします。

「外に目を向けてみるのもいいと思います。社内の仕事だけでは視野が狭くなってしまいますから、社外でいろいろな人と出会い、話を聞いて、自分の気持ちを動かす何かを探してみる。そして、少しでも興味が湧いたら挑戦してみる。失敗したっていいんです。成功するまで頑張り続ければ、きっと新しい何かが見えてくるはずです」

そんな藤田さんは今も新しい挑戦を続けています。それは、生前に様々な理由で髪を整えることが難しかった故人様の髪をきれいにする「エンディングカット」というサービス。スポンジやパフ、メイクブラシを一切使用しない「ハリウッド・エアメイク」という技術で死化粧も施します。

人の役に立ちたい——お金や肩書きではなく、働きがいこそが藤田さんの原動力であり続けているのです。

ワークに挑戦 STEP①

人生後半戦の使命を考える キャリアプランニングシート

第４章での７つの質問を経て、自分のやりたいこと、自分の強み、今すべきことなどがだいぶ明確になってきたのではないでしょうか。では、頭が活発に働いているうちに次のワークにも取り組んでみましょう。

２９４〜２９９ページの「人生後半戦の使命を考えるキャリアプランニングシート」は、第二、第三の職業人生における自分の使命とキャリアビジョンを整理・明確化し、これから目指す働き方を考えるためのシート。人生の使命とキャリアビジョンに加え、自分の強み・弱みと研磨・補強すべきポイント、および自分が求めている「働きやすさ」「働きがい」が一目で俯瞰できるので、いつでも立ち返ることができる原点として役立ちます。

ワークに挑戦 STEP②

今から20~30年働く未来シミュレーション年表

STEP②では、第3章でも取り上げた「今から20~30年働く未来シミュレーション年表」（300~305ページ）を作成してみましょう。

人生後半戦、これから20~30年先を見越して、自分のキャリアビジョン実現に向けて、どう働いていきたいかを考えるためのシートです。

ここまで、第二、第三の職業人生に向けて思いを巡らせてきたあなたには、すでにいくつかの具体的目標が浮かんでいるはず。それをいつまでに実現したいのか書き込んでいきましょう。

各時期の目標とともに、そのために何をやるかについても記入しましょう。行動し、成長し続ける自分を時間軸で見通せるようにします。人生後半戦、大海原を進む航海図のようなものですね。

ワークに挑戦 STEP③

自分の強み・補強したい経験を知る越境取材シート

Ｆｅｅｌ Ｗｏｒｋｓでは、本文中でも紹介したように、ミドル・シニアが会社を越境して職業体験することを推奨しています。「仕事旅行」のようなサービスを使うのもありですし、個人的に交渉して未経験領域の職業体験にチャレンジすることもできるはずです。

ＳＴＥＰ③「自分の強み・補強したい経験を知る越境取材シート」（３０６〜３１１ページ）は、このような機会を活用して、先行する人の考え方やその働き方（ロールモデル）を越境体験し、腕試しとともに学びを深めるための取材計画を立てる実践的なワークです。取材で得た気づきは、「人生後半戦の使命を考えるキャリアプランニングシート」や「今から20〜30年働く未来シミュレーション年表」の修正にも反映させます。

●STEP①〜③の白紙のワークシートは、以下のQRコードから申し込みできます（2020年末まで）
↓

【役割】

人生後半戦の自分の使命とキャリアビジョンを整理・明確化し、これから目指す働き方を考える

年　月　日	所属	氏名

私のキャリアビジョン(使命をどんな仕事で実現したいのか)

❷

(補強したい経験)

キャリアビジョン実現に向けて

研磨 ❹

補強 ❻

働きやすさ

働きがい

仕事内容 ❿

承認 ⓫

達成感 ⓬

❻キャリアビジョンの実現に向けて、自分の経験値(弱み・苦手)をどう補強していくかを書く

❼家族や生活を守るために、最低限必要な収入はいくらかを考えて書く

❽自身・生活のコンディションを考えながら、働ける時間を考えて書く

❾どのような人間関係を構築していきたいかを書く

❿具体的な仕事内容を考えて書く

⓫誰からどう認められたいかを考えて書く

⓬どういった達成感を味わいたいかを考えて書く

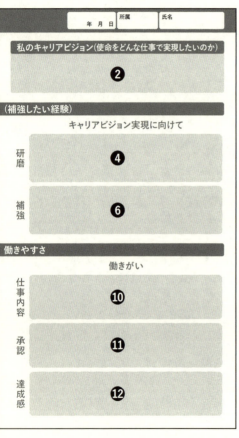

STEP1
【人生後半戦の使命を考える キャリアプランニングシートの役割・書き方】

【書き方】

❶会社の指示ではなく、自らの意志で自分のこれからの人生をどう使って働きたいかを言語化する

❷ワクワクできる、自分が輝いて働いているゴールイメージ=キャリアビジョンを言語化する

❸これまでの会社員経験で培ってきた自分の経験値（強み・持ち味）を書き出す

❹キャリアビジョンの実現に向けて、自分の経験値（強み・持ち味）をどう磨くかを書く

❺キャリアビジョンを実現するために、足りない経験値（弱み・苦手）を書き出す

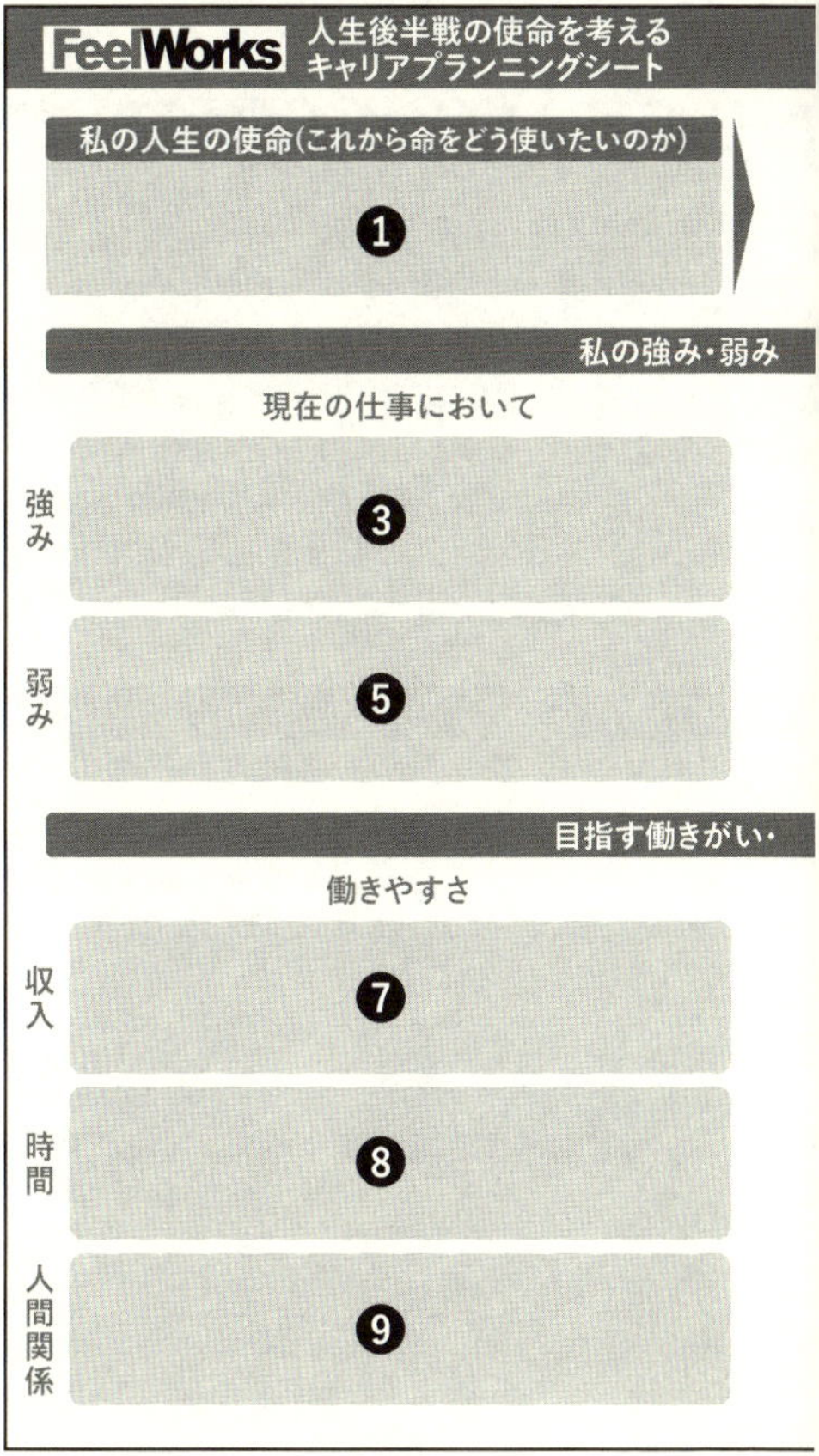

●年●月●日	所属 ●●●●●	氏名 ●●●●●

私のキャリアビジョン（使命をどんな仕事で実現したいのか）

定年後は、地元モノづくり系中小企業対象の
経営コンサルタントとして活躍する

（補強したい経験）

キャリアビジョン実現に向けて

研磨	・自分ができることを整理してマニュアル化 ・社内勉強会を企画して講師をする ・働きながら社会人大学院で学び専門知識体系化
補強	・役職定年を活かし担当者に。後輩に学び自ら動く ・関連子会社など中小企業担当に異動願い ・営業部署と社内兼職して修業する

働きやすさ

働きがい

仕事内容	社内に戦略立案部署がない地元中小企業から委託を受け週1～2日働く
承認	会社存続に悩んでいる地元中小企業経営者の戦略立案をアドバイスし、喜んでもらう
達成感	一社でも多くの地元中小企業の経営を立て直す

記入例

人生後半戦の使命を考える キャリアプランニングシート

私の人生の使命(これから命をどう使いたいのか)

Uターンして地元を元気にしたい

私の強み・弱み

現在の仕事において

強み	大手製造業で、社内調整しながら 事業企画を作り浸透させてきた
弱み	・部下に任せてきたので、プレイヤーのスキルが弱い ・中小企業経営をよく知らない ・営業(顧客開拓)経験がない

目指す働きがい・

働きやすさ

収入	子どもは自立、住宅ローンも完済したので、 夫婦二人の生活費として月20万円稼げれば
時間	まずは自宅で開業。平日は8時間程度 マイペースで働きたい
人間関係	地元での専門家・コンサルタントの ネットワーク構築

年　月　日	所属	氏名

私のキャリアビジョン（使命をどんな仕事で実現したいのか）

（補強したい経験）

キャリアビジョン実現に向けて

研磨

補強

働きやすさ

働きがい

仕事内容

承認

達成感

FeelWorks 人生後半戦の使命を考える
キャリアプランニングシート

私の人生の使命(これから命をどう使いたいのか)

私の強み・弱み

現在の仕事において

強み

弱み

目指す働きがい・

働きやすさ

収入

時間

人間関係

【役割】

人生後半戦のこれから20〜30年先を見越して、自分のキャリアビジョン実現に向けて、自分はどう働いていきたいかを考える

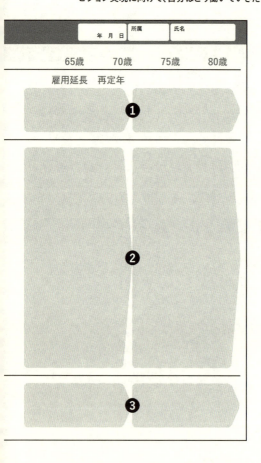

年　月　日　所属　氏名

65歳　70歳　75歳　80歳

雇用延長　再定年

❶

❷

❸

STEP2
【今から20～30年働く
未来シミュレーション年表の役割・書き方】

【書き方】

❶数年ごとに区切って、各ステージ(期間)が自分のキャリアにとってどういった位置づけにあたるかを考えて書く

❷各ステージ(期間)ごとに、自分は主体的にどんな挑戦をしていくのか、具体的に考えて箇条書きする。会社や上司などへの働きかけも意識し、優先順位の高いものから順番に整理していく

❸各ステージ(期間)ごとに、どういった理想の状態を目指すのか考えて書く

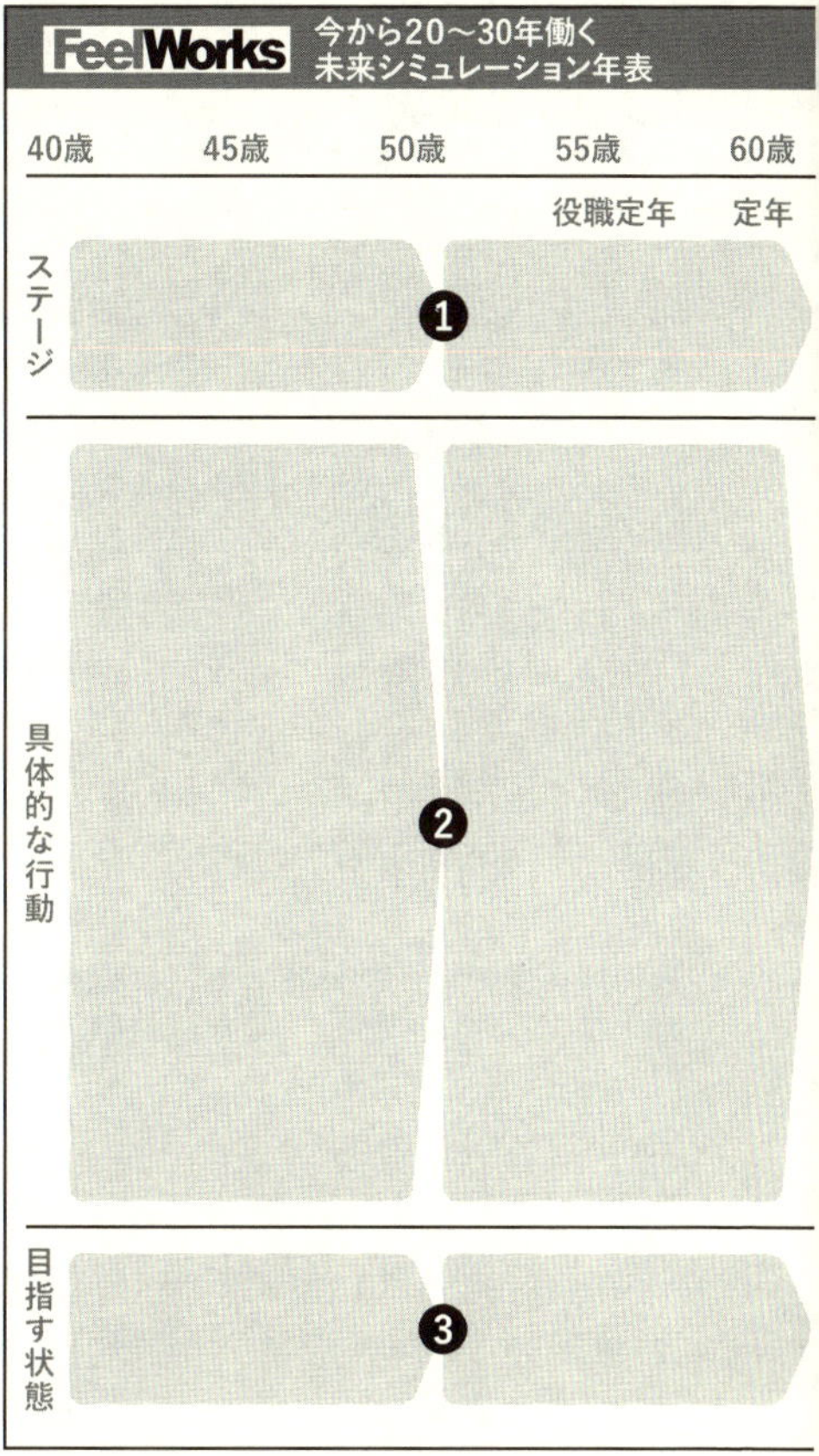

●年●月●日	所属 ●●●●●	氏名 ●●●●●

65歳　70歳　75歳　80歳

雇用延長　再定年

個人事業スタート軌道に乗せる	後進・後継者に経験伝承
・地元にUターンし、個人事務所設立・登記する ・ホームページを開設する（公開セミナーで学んで自分で作ってみる） ・これまでご縁のあった方々にご挨拶、顧客の紹介を依頼する ・地元の中小企業家同友会、倫理法人会に加入する ・最初は無償で地元中小企業のコンサルに挑戦する	・中小企業家同友会、倫理法人会の委員に立候補する ・後進の自営業者の相談に乗る・セミナーを開催する ・その他経営者団体にも加入する ・自分が培ってきたネットワークで勉強会を始める ・商工会議所の相談員を引き受ける
地元中小企業5社以上の顧問をしている	地元経営者団体の世話役になる

記入例　今から20〜30年働く
未来シミュレーション年表

	40歳　　45歳	50歳　　55歳　　60歳
		役職定年　　定年
ステージ	社外で通用する専門性の確立	プレイヤーとしてのスキルを鍛え直す
具体的な行動	・人事部のキャリアカウンセラー、研修を活用してキャリアの棚卸しをする ・自分ができることを整理してマニュアル化する。できれば、上司に働きかけ仕事の一環にしてもらう ・出来上がったマニュアルをもとに、後輩たちに向けて社内勉強会を企画して講師をする ・並行して働きながら社会人大学院で学び、専門知識を体系化する	・役職定年を活かして担当者に戻る。後輩に学び自ら動く訓練をする ・本部事業の担当から、関連子会社など中小企業担当に異動させてもらう ・新しい人事制度である社内兼職に挑戦し、営業部署でも働く。営業ノウハウをゼロから学ぶ ・商工会議所などの独立開業セミナーに通う ・中小企業診断士の資格を取る
目指す状態	自分がやり遂げた仕事を自信を持って語れる	年下上司のもとで互いに気持ちよく働く

年　月　日

所属

氏名

65歳　70歳　75歳　80歳

雇用延長　再定年

FeelWorks　今から20～30年働く
未来シミュレーション年表

40歳	45歳	50歳	55歳	60歳
			役職定年	定年

ステージ

具体的な行動

目指す状態

【役割】

先行する方の考え方・仕事を越境体験し、腕試し&学びを深めるための取材計画を立てる。取材後、人生後半戦のキャリアプラン、未来シミュレーションの修正に活かす

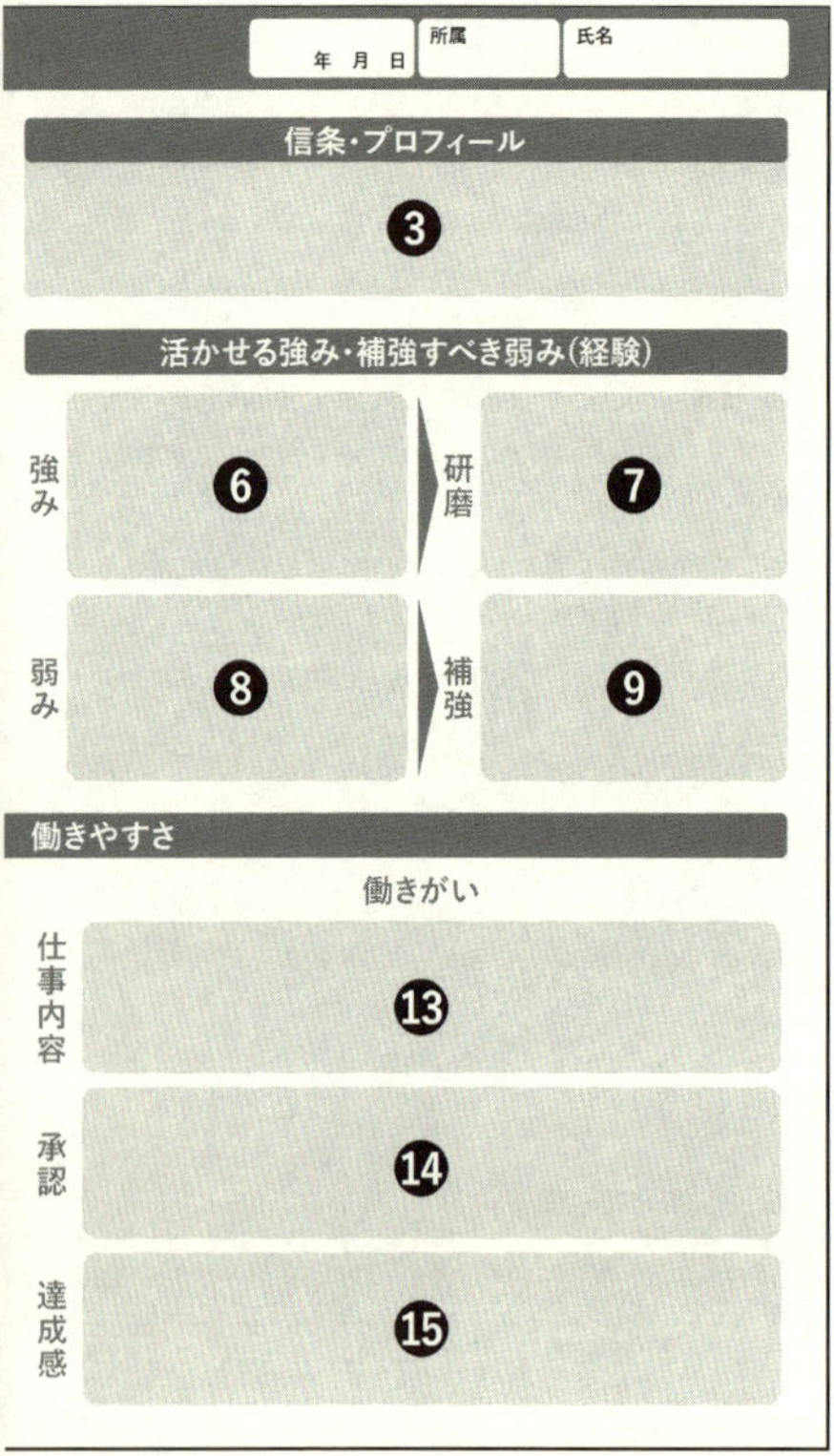

❿「人生後半戦の使命を考えるキャリアプランニングシート」で考えた収入について、取材後に修正する

⓫「人生後半戦の使命を考えるキャリアプランニングシート」で考えた時間について、取材後に修正する

⓬「人生後半戦の使命を考えるキャリアプランニングシート」で考えた人間関係について、取材後に修正する

⓭「人生後半戦の使命を考えるキャリアプランニングシート」で考えた仕事内容について、取材後に修正する

⓮「人生後半戦の使命を考えるキャリアプランニングシート」で考えた承認について、取材後に修正する

⓯「人生後半戦の使命を考えるキャリアプランニングシート」で考えた達成感について、取材後に修正する

STEP3
【自分の強み・補強したい経験を知る越境取材シートの役割・書き方】

【書き方】

▼取材前の準備

❶体験するキャリアビジョンに通ずる仕事を書く

❷その仕事・キャリアを実現している先人名を書く

❸その先人の信条・プロフィールを書く（必要に応じて、取材後に修正する）

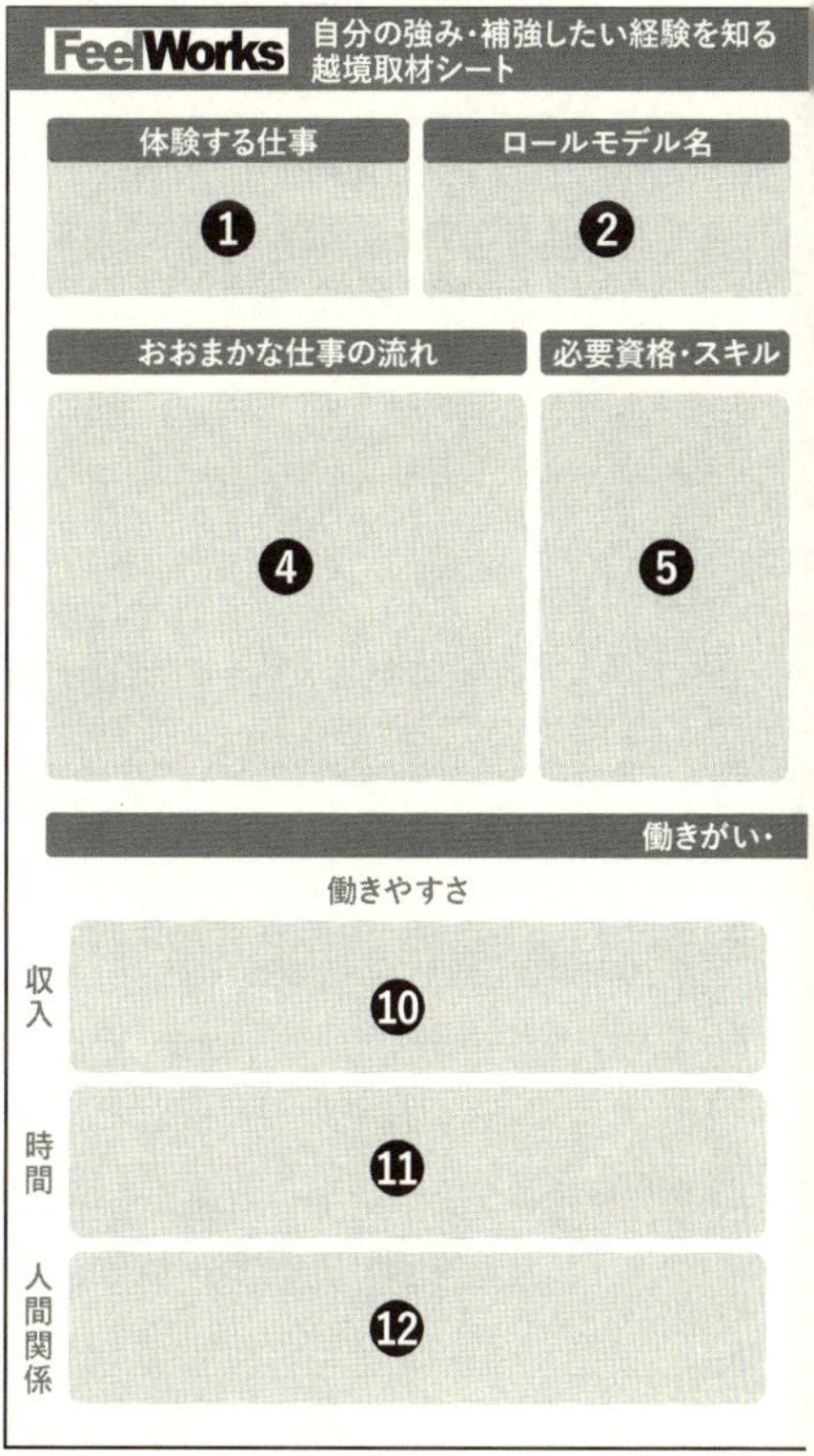

▼取材して記入

❹１週間、月間、年間など仕事サイクルと中身を取材する

❺仕事をする上で求められる資格やスキルを取材する

❻「人生後半戦の使命を考えるキャリアプランニングシート」で考えた自分の強みが通用するか取材し、修正する

❼キャリアビジョンの実現に向けて、その強みをどう磨くかを取材後に修正する

❽「人生後半戦の使命を考えるキャリアプランニングシート」で考えた自分の弱みから、取材で気付いた弱みに修正する

❾キャリアビジョンの実現に向けて、その弱みをどう補強していくかを取材後に修正する

●年●月●日	所属 ●●●●●	氏名 ●●●●●

信条・プロフィール

大手製造業出身の経営コンサルタント
「ご縁とお役立ちで明日は拓ける」

活かせる強み・補強すべき弱み(経験)

強み	人と組織を動かしていく仕組み(情報共有ツール、会議、評価制度など)	研磨	人事部を社内兼職させてもらう。もしくは就業規則・人事規定を学び直す
弱み	中小企業の実態理解不足 個人事業経営のノウハウ不足 人脈不足	補強	・なんでも自分でやる ・関連子会社など中小企業担当に異動願い ・営業部署と社内兼職

働きやすさ

働きがい

仕事内容	社内に戦略立案部署がない地元中小企業から委託を受け、フットワークよく行き来して働く
承認	会社存続に悩んでいる地元中小企業経営者の公私とも何でも相談相手になり、喜んでもらう
達成感	一社でも多くの地元中小企業の経営を立て直す

記入例　自分の強み・補強したい経験を知る越境取材シート

体験する仕事	ロールモデル名
経営コンサルタント	●●●●●　様

おおまかな仕事の流れ	必要資格・スキル
月曜日　AM 早朝経営者セミナー参加 PM 顧問企業訪問・会議参加 火曜日　終日　顧問企業で従業員面談 水曜日　顧問先へのレポート作成 夜　士業ネットワーク懇親会 木曜日　地元商工会の経営相談員業務 金曜日　顧問先企業での経営者との面談 そのまま懇親会	・傾聴スキル ・人事評価制度の知識 ・ビジネスマッチングのための人脈 ・経理、税務知識 ・同族経営の理解

働きがい・働きやすさ

収入	最初の3年間は収入がなくてもやっていけるようにする。先輩コンサルタントに弟子入りする
時間	体力のあるうちは貪欲に学び、徐々にマイペースで働けるようになる
人間関係	地元での専門家・コンサルタントのネットワーク構築

年　月　日	所属	氏名

信条・プロフィール

活かせる強み・補強すべき弱み（経験）

強み ▶ 研磨

弱み ▶ 補強

働きやすさ

働きがい

仕事内容

承認

達成感

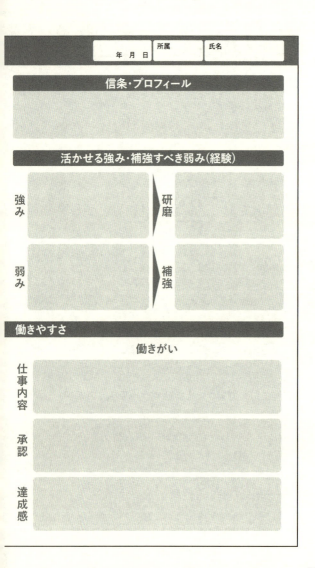

FeelWorks

自分の強み・補強したい経験を知る 越境取材シート

体験する仕事

ロールモデル名

おおまかな仕事の流れ

必要資格・スキル

働きがい・働きやすさ

収入

時間

人間関係

おわりに

「部下を育てろというのはわかるけど、これまで自分自身はそんな丁寧に育ててもらっていないのに」

「面談で部下のやりたいことを聴くのはいいけど、仕事はやりたいやりたくないではなく、やるべきものでしょう」

この本を書かなくてはならないと強く感じたのは、私が営むＦｅｅｌＷｏｒｋｓが10年以上にわたり、日本を代表する大手企業で部下を育て活かす「上司力研修」を開講する中で、ミドル世代の苦悩を聴き続けてきたからです。

育児と仕事を両立する女性、早期離職が心配される若手、定年後嘱託社員になったベテラン、価値観のまったく異なる外国人部下など、企業は多様な部下のキャリア支援や働き方改革を現場上司に求めるようになってきています。

しかし、当のミドル世代自身はこの国がのたうち回ってきた平成不況の最前線で現場を守ることに必死で、自分の職業や人生を考える余裕もありませんでした。「キャリアなんて考えなくてもいい。一生面倒見るから」という終身雇用の暗黙の了解のもと、会社命令の単身赴任や海外出張や残業も厭わず闘ってきたわけですから困惑するのも当然です。

「人生100年時代」と騒がれるようになってきてから、40〜50代の転職も盛んになってきており、60代からの起業も取り沙汰されます。個人の尊重や自律支援に向けて、ワーク・エンゲージメントやジョブ・クラフティングといった欧米からやってきた処方箋の活用も進んでいます。でも、行動を起こしているミドルはまだほんの一部であり、欧米から入ってきたノウハウも、そもそも「働く」成り立ちが異なるこの国のミドルが抱える苦悩や葛藤に寄り添うには肝心な何かが足りません。

何より、私自身ミドル世代の当事者であり、第二、第三の職業人生の開拓にもがき苦しみ続け、やっとそれをつかめた一人です。今は毎日充実していますし、子どもたちにも胸を張って「働くって楽しい」と言えます。そんな半歩先の働く未来を知る人間として、現場実感のこもったメッセージを届けたい。日本の上司を元気にしたい——。そんな思いの丈をこめた一冊。私の逆転発想の主張が正解だと言うつもりはありませんし、異論反論もあることでしょう。そんな中でも何かしら、あなた自身のキャリアを切り拓くヒントを得ていただければと願います。

この本を書き終えて改めて思うのは、ミドルの皆さんが入社以来20～30年にわたって積み重ねてきた経験には大きな価値があるということ。誰しもが、振り返れば多くの困難を乗り越えてきたはずですし、輝かしい成功体験もあったことでしょう。ともに闘ってきた多くの仲間の顔も思い出されるはずです。そのすべてが皆さんの財産です。あなたが積み上げてきた経験値には価値があるのです。

50歳以降の第二、第三の職業人生について考えるとき、土台となるのは今までのキャリアです。ただし、それは何も、今までの業界経験や職種経験を活かした働き方を選ぶべきという意味ではありません。

本書で一貫してお伝えしてきた通り、自分の経験を棚卸しし、やりたいことや強みを整理し、新たにブラッシュアップしていくことで、未経験の領域までを含めてミドルの皆さんは自分の可能性を広げていくことができるのです。

その際に改めて意識してほしいのは、「ないものねだり」に陥らないことです。

例えば、「もっと専門的な領域で経験を重ねていれば……」「もっと人脈が広がるような業界で仕事をしていれば……」「もっと花形部署で出世できていれば……」などと考えてしまうこともあるかもしれません。

しかし、今からカバーできることならともかく、過去についてあれこれ悔やんでも始まりません。そもそも完璧なキャリアの持ち主などそうそういるものではありませんから。

それよりも、積み重ねてきたことの価値に改めて目を向けてほしいのです。

いわば「あるもの頼み」ですね。自分にはこれがある、あれがあるという発想からスタートすると、キャリアの選択肢そのものが広がり、働く楽しさを再認識することにも近づいていきます。

本編でもお伝えした通り、人は元気だから働くのではなく、働くから元気なのです。もし、ミドルの皆さんが、これまでのキャリアで疲弊感を感じることのほうが多かったとしたら、ミドルからシニアへと向かう第二、第三の職業人生においてこそ、働くことの醍醐味を体験することになるとも言えるのです。

働く楽しさを満喫しながら日々を生きる60代、70代、80代の自分を改めて想像してみてください。どうでしょう。ワクワクしませんか？

そう、本来働くことは楽しいのです。今から始めるのはそのための準備です。

青臭い私の問題提起に共感し、本書の企画編集をしてくださったPHP研究所の中村康教さんには深く感謝します。10年以上のお付き合いで、２０１5年発行の『上司の9割は部下の成長に無関心――「人が育つ現場」を取り戻す処方箋』以来2冊目のご担当。私の思いが溢れすぎて、新書としては異例のページ数の本となりましたが、それでも「自分もキャリアについて深く考えさせられました。本当にいい本ですから、内容重視でいきましょう」という言葉には大いに励まされました。

また、前職でキャリア支援メディアの編集長をしていた頃から20年来のパートナーであり、本書の編集協力をしてくださった伊藤敬太郎さんにも深く感謝します。私の主張を深く理解し、なおかつ幅広いキャリア支援の知見と客観性を持つ伊藤さんのご尽力がなければこの本は生まれませんでした。校了前の佳境には体調を崩されたにもかかわらず、素晴らしいクオリティで編集・構成してくださったプロ魂には、ただただ頭が下がる思いです。

この本は30冊目の著書であり、現時点の私が書ける最大限の大人のためのキャリア指南書です。若者向けのキャリア支援や上司向けの部下の育て方・活かし方の本はたくさん書いてきましたが、上司自身がキャリアを考える本は初めてです。30年以上の蓄積を出し切りました。あなたが自分の働く未来を考え、行動を起こす一助となれば本望です。

人生100年、幸いにもまだ時間はあります。人生の後半戦は、仕事＝苦役と捉えるのではなく、仕事＝天職と言える職業人生を作っていきましょう。

㈱ＦｅｅｌＷｏｒｋｓ代表取締役　前川孝雄

【著者が代表を務める人材育成コンサルティング企業グループについて】

株式会社 FeelWorks

https://www.feelworks.jp/

※この本のご感想、研修・コンサルティングなどのご依頼、
お問い合わせは
info@feelworks.jp または 03-6206-2771 へ

●事業内容：
「日本の上司を元気にする」をビジョンに掲げ、独自の「コミュニケーション・サイクル理論」をもとに、2008年の創業以来、大手企業を中心に400社以上の人材育成などを支援している。

●主なサービス：
【管理職向けサービス】
・部下を育て活かす「**上司力研修**」シリーズ（**若手を育てる・女性の活躍を支援する・年上の部下を喚起する etc.**）
・キャリア自律し活躍するための「**50代からの働き方研修**」
・制約を持つ人材を活かす「**ワークライフマネジメント経営講座**」
・女性が活躍できる「**組織の創り方研修**」
・部下との信頼関係を構築する「**傾聴力研修**」
・組織を主体的に動かす「**ファシリテーション研修**」
・部下との面談で思いを引き出す「**質問力研修**」

【中堅社員・管理職候補層向けサービス】
・組織の中核を担う「**プロフェッショナルマインド研修**」
・後輩を指導するOJT力を強化「**先輩力研修**」
・**ベテランのための**「**ライフキャリア研修**」
・女性のための「**組織で活きるコミュニケーション研修**」

【新入社員・若手社員向けサービス】
・映像教材「**前川孝雄の働く心得**」**※個別アドバイス付き**
・組織人の自覚を持たせる「**キャリアコンパス研修**」（**内定者・新入社員・3年目社員 etc.**）etc.

【オリジナルケーススタディ開発サービス】

【風土改革のための社内報編集サービス】

●グループ企業
株式会社　働きがい創造研究所

PHP
Business Shinsho

前川 孝雄(まえかわ・たかお)
㈱FeelWorks代表取締役／青山学院大学兼任講師
1966年、兵庫県明石市生まれ。大阪府立大学、早稲田大学ビジネススクール卒。㈱リクルートで『リクナビ』『就職ジャーナル』などの編集長を務めたのち、2008年に㈱FeelWorks設立。「上司力研修」「50代からの働き方研修」などで400社以上を支援。2017年に㈱働きがい創造研究所設立。一般社団法人企業研究会研究協力委員、ウーマンエンパワー賛同企業審査員なども兼職。
独立直後には、「700通の挨拶状を送るも反応ゼロ」「仕事の依頼がなく近所の公園で途方に暮れる」といった挫折を味わう。そこから立ち直った経験から、近年はミドルの転職・独立・定年後のキャリアの悩み相談に乗る機会も多い。
著書は、『「働きがいがあふれる」チームのつくり方』(ベスト新書)、『「仕事を続けられる人」と「仕事を失う人」の習慣』(明日香出版社)など多数。

PHPビジネス新書 411

50歳からの逆転キャリア戦略
「定年＝リタイア」ではない時代の一番いい働き方、辞め方

2019年12月2日 第1版第1刷発行
2022年11月25日 第1版第6刷発行

著者 前川孝雄
発行者 永田貴之
発行所 株式会社PHP研究所
東京本部 〒135-8137 江東区豊洲5-6-52
ビジネス・教養出版部 ☎03-3520-9619(編集)
普及部 ☎03-3520-9630(販売)
京都本部 〒601-8411 京都市南区西九条北ノ内町11
PHP INTERFACE https://www.php.co.jp/
装幀 齋藤 稔(株式会社ジーラム)
組版 朝日メディアインターナショナル株式会社
印刷所
製本所 大日本印刷株式会社

ISBN978-4-569-84558-6

「ＰＨＰビジネス新書」発刊にあたって

わからないことがあったら「インターネット」で何でも一発で調べられる時代。本という形でビジネスの知識を提供することに何の意味があるのか……その一つの答えとして「**血の通った実務書**」というコンセプトを提案させていただくのが本シリーズです。

経営知識やスキルといった、誰が語っても同じに思えるものでも、ビジネス界の第一線で活躍する人の語る言葉には、独特の迫力があります。そんな、「**現場を知る人が本音で語る**」知識を、ビジネスのあらゆる分野においてご提供していきたいと思っております。

本シリーズのシンボルマークは、理屈よりも実用性を重んじた古代ローマ人のイメージです。彼らが残した知識のように、本書の内容が永きにわたって皆様のビジネスのお役に立ち続けることを願っております。

二〇〇六年四月

ＰＨＰ研究所